SANDRA ET OLIVIER STETTLER

Bien communiquer en couple

Et avec ses enfants

jouvence ÉDITIONS

Des mêmes auteurs

Respirez pour mieux vivre, 2004

Le secret des auto-massages chinois, 2003

Collection Pratiques Jouvence

Du divorce à la famille recomposée, Ch. Petitcollin, 2005

Éduquer sans punitions ni récompenses,
Jean-Philippe Faure, 2005

Vivre son adolescence autrement, Marlène Herrero, 2005

Réussir son couple, Christel Petitcollin, 2005

Les clés de l'harmonie familiale, Christel Petitcollin, 2004

Poser des limites à son enfant,
Catherine Dumonteil-Kremer, 2004

Massé bébé, Rachel Izsak Simonet, 2004

Allaiter, c'est bon pour la santé,
Claude-Suzanne Didierjean-Jouveau, 2003

Bien communiquer avec son enfant,
Christel Petitcollin, 2003

Pour une parentalité sans violence,
Claude-Suzanne Didierjean-Jouveau, 2002

Relaxation et détente des enfants, Philippe Barraqué, 2001

Catalogue Jouvence gratuit sur simple demande.

ÉDITIONS JOUVENCE

Suisse : CP 184, – 1233 Genève-Bernex

France : BP 90107 – 74161 St-Julien-en-Genevois Cedex

Site internet : **www.editions-jouvence.com**

E-mail : info@editions-jouvence.com

Dessin de couverture : Jean Augagneur

Mise en page : B. Parfait Bayala, Genève (Polygraphe, www.bailos.net)

ISBN -88353-344-X

Sommaire

Introduction

À l'ère de la communication, il apparaît clairement que l'être humain rencontre de plus en plus de difficultés pour communiquer. Pourtant, les mots et les images se déplacent de plus en plus rapidement et facilement sur notre planète Terre, grâce à une révolution technologique sans précédent : téléphones portables, internet, satellites, SMS, télévision…

Que se passe-t-il donc ? Si vous observez le fonctionnement d'une mégalopole vous constaterez que chacun semble vivre « à côté de l'autre », l'ignorant avec méfiance, se retrouvant dans l'incapacité totale d'aller vers lui en toute simplicité… Il semble que la technologie, aussi sophistiquée soit-elle, ne nous aide que très peu à trouver le bon canal pour communiquer avec autrui.

Or, l'être humain est un être sociable qui a besoin de communiquer et d'échanger pour vivre, cela fait partie de ses besoins primaires. Se sentir seul au monde, ne pas trouver les mots pour dire ce qu'il souhaite ou ressent, est source de souffrances physiques et psychologiques très importantes.

Face à ce constat nous avons souhaité vous proposer un petit ouvrage synthétique et pratique visant à vous présenter des axes de réflexion et des outils concrets pour mieux communiquer. Mais qu'entendons-nous par communiquer ? La communication s'établit entre un émetteur et un récepteur. Encore faut-il que l'émetteur puisse trouver le bon canal de communication pour permettre à son message d'atteindre ses objectifs : être entendu et compris.

La communication touche tous les échanges humains, elle constitue ainsi un vaste domaine. Ne pouvant englober dans un seul ouvrage tous ses domaines d'application, nous avons choisi d'axer notre recherche sur la communication homme-femme car elle met en jeu un immense défi : trouver un canal de communication entre deux êtres qui, comme vous allez pouvoir le constater tout au long de cet ouvrage, vivent sur des planètes totalement différentes. Nous avons poursuivi notre recherche en abordant un second sujet épineux : la communication parents-enfants. En chemin, nous avons rencontré un outil formidable que nous avons testé pendant plusieurs années. Simple et efficace, l'Analyse Transactionnelle vous aidera à devenir un communicateur hors pair, à condition d'accepter de pratiquer les exercices que nous vous proposons. N'ayez guère de craintes, ils sont faciles à aborder et très ludiques. Vos efforts seront rapidement récompensés, car seules quelques semaines d'entraînement vous seront nécessaires pour maîtriser parfaitement cet outil qui s'intégrera tout doucement dans votre quotidien, pour votre plus grand bonheur !

Alors, en route pour un voyage au royaume de la communication…

Deux outils pour trouver le bon canal

Les lois d'or de la communication

Nous savons aujourd'hui que la vie intra-utérine joue un rôle fondamental dans le développement de l'enfant. Un contexte de tension, de dispute ou d'entente harmonieuse entre les deux parents, ou bien une dépression chez la mère, influence directement le fœtus qui absorbe profondément ces émotions. La naissance, marquée par un intense vécu émotionnel où s'entremêlent la douleur, la souffrance et la joie tant chez la mère que chez l'enfant, imprègne également fondamentalement la vie physique et psychologique de l'être humain. Ce nouveau-né va alors évoluer et grandir dans un contexte socioculturel, familial et religieux qui modèlera sa construction psychologique. L'apprentissage des comportements par imitation et le lien de cet enfant à l'inconscient familial l'amèneront à bâtir sa vie autour d'un noyau de valeurs telles que le sens de la justice, l'entraide, le « chacun pour soi » ou la liberté. Son vécu, ses études et ses lectures engendreront aussi des croyances fondamentales comme « la vie est dure », « la vie est belle », « je suis ou je ne suis pas capable de... », qui régiront son existence. L'ensemble de ces éléments peut être symbolisé par des lunettes à travers lesquelles un individu perçoit la réalité. Ainsi, chacun d'entre nous voit le monde à travers ses filtres personnels, sa lentille qui déforme inexorablement la réalité. Quand deux personnes communiquent, ces filtres surgissent tels des obstacles entravant l'échange. Et cela avec d'autant plus de force que l'objet de la discussion est source de polémique. Des conflits émergent alors, qui puisent leurs racines dans notre perception du monde, « nos lunettes », et empêchent un véritable dialogue constructif de s'installer... chacun voyant « midi à sa porte ».

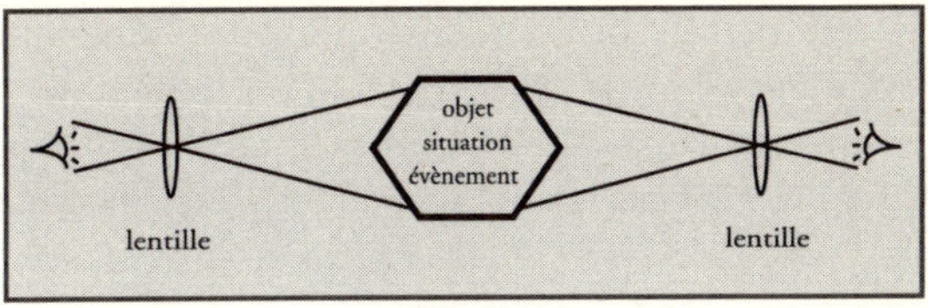

SCHÉMA 1

Prenons pour illustrer ce schéma de non-communication un exemple classique : vous êtes en train de dîner tranquillement en famille ou entre amis et quelqu'un lance la discussion sur un sujet touchant à la politique ou à la religion. Que se passe-t-il fréquemment ? Tout le monde se fâche, même si par ailleurs les personnes en présence s'entendent fort bien. Ces deux sujets sont en effet en relation étroite avec notre système de valeurs et de croyances. Lors d'une telle discussion, chacun des participants défend corps et âme son point de vue, sa croyance, comme si « sa vie en dépendait ». Persuadé que son jugement est le meilleur, il cherche à convaincre les autres de son bien-fondé. Généralement le ton monte, chacun coupe la parole de l'autre dans une bruyante cacophonie. Il est bien évidemment normal de défendre son point de vue, mais pourquoi ce genre de discussion est-il si souvent stérile et blessant ?

Si, lors d'une telle situation, nous gardons une attitude neutre et observons le débat, nous remarquerons qu'en réalité personne n'écoute vraiment l'autre. Pendant qu'un participant expose ses arguments, les autres sont en train de penser aux leurs et enchaînent sans réellement tenir compte de ce qui vient d'être dit, un peu « comme s'ils n'avaient rien entendu ». Autrement dit, l'attitude dominante dès lors qu'une conversation s'oriente vers un sujet qui nous tient à cœur est de convaincre l'autre et non de comprendre son point de vue. Ce cas de figure, à première vue quelque peu caricatural, montre cependant très clairement les mécanismes en jeu qui, force est de le constater, se déclenchent à l'identique lorsque l'on aborde des sujets « plus banals ». Ainsi, quand deux individus ne sont pas d'accord, ils s'opposent et entrent en conflit, chacun restant généralement campé sur ses positions. Un signe distinctif apparaît alors dans la discussion : c'est le « oui, mais... » ; ce « oui, mais... » illustre bien l'attitude de non-acceptation des deux interlocuteurs. C'est une manière détournée de dire simplement « non ». Pourtant, ce « non » déguisé ne trompe personne et dès que le « oui » est prononcé, l'interlocuteur sait que le « mais » va suivre. Le sachant, il pense alors à ses arguments et n'écoute plus que d'une oreille distraite. C'est ainsi qu'une véritable partie de ping-pong va s'engager, où chacun à tour de rôle se renvoie la balle du « oui, mais… ». Pour sortir de cette impasse, il suffit que l'un des deux interlocuteurs change d'attitude et accepte réellement que l'autre ait un point de vue différent du sien.

Cette nouvelle attitude deviendra possible si l'un des deux décide d'écouter attentivement l'autre et d'essayer de se mettre à sa place afin de mieux comprendre ce point de vue. Une première incidence de ce changement, immédiatement perceptible, se manifestera par le langage corporel qui va évoluer tout naturellement : les bras se décroisent, le visage s'ouvre. L'interlocuteur, se sentant écouté et compris, va se détendre progressivement. Il suffira alors de lui dire que nous comprenons son point de vue *ET* que le nôtre est simplement différent. Ce « et » est réellement différent du « mais » : il n'y a plus d'opposition. Cette « astuce » très puissante est en réalité plutôt difficile à mettre en place dans notre vie quotidienne, tant nous sommes habitués à ce fameux « oui, mais… ».

Nous vous encourageons vivement à cette expérience : faites le pari d'essayer la prochaine fois que vous serez au sein d'une situation conflictuelle de ne pas utiliser de « oui, mais… ». Vous vous apercevrez alors que l'attitude d'ouverture dans laquelle vous vous retrouverez vous

permettra de communiquer réellement. Cette attitude a autant d'importance que les mots que vous employez. Être à l'écoute de son interlocuteur et accepter son point de vue tout en continuant à employer le « oui, mais… » ne sera que moyennement bénéfique car ce « oui, mais… » implique de fait une opposition. Et, inversement, supprimer le « oui, mais… » sans adopter l'attitude correspondante ne sera pas crédible longtemps, le langage corporel trahissant naturellement le sentiment intérieur.

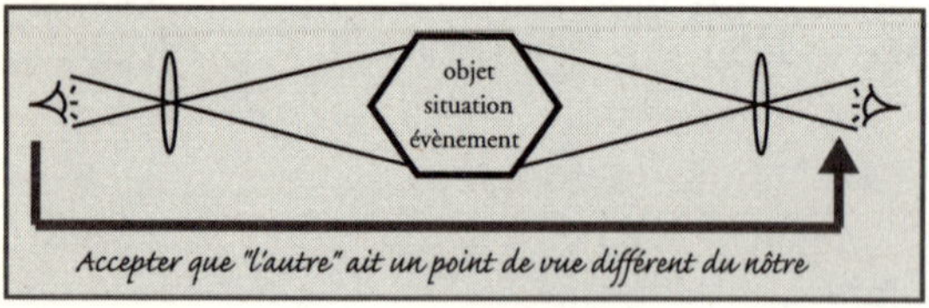

SCHÉMA 2

Nous pouvons résumer cette attitude en cinq points :

- écouter avec attention le point de vue de « l'autre » ;
- se mettre à la place de « l'autre » afin de mieux comprendre son point de vue ;
- accepter que « l'autre » ait un point de vue différent du nôtre ;
- prendre conscience des filtres agissant chez chaque interlocuteur ;

• éviter le plus possible un faux ami : le « oui, mais… ».

L'Analyse Transactionnelle

Éric Berne, fondateur de l'Analyse Transactionnelle, est né en 1910 à Montréal. Médecin et psychiatre il a souhaité rendre accessibles à tous les connaissances psychologiques contemporaines, afin que chacun puisse mieux se connaître, découvrir ses richesses intérieures, laisser éclore sa créativité, son autonomie, sa spontanéité, son génie… Et dès lors mieux comprendre les échanges, la communication que nous vivons avec les autres.

Après son décès, en 1970, de nombreux élèves ont repris ses travaux et continuent aujourd'hui de par le monde à faire évoluer cette méthode.

L'Analyse Transactionnelle se présente comme :
• une théorie de la personnalité permettant de comprendre les structurations psychologiques des êtres ;
• une théorie de la communication qui peut être appliquée individuellement et/ou aux organisations ;
• une thérapie du développement de l'enfant, qui débouche sur une théorie de la psychothérapie.

Pour faciliter la diffusion de l'Analyse Transactionnelle, Éric Berne s'est exprimé dans un langage simple et clair, ce qui ne recouvre en aucun cas une pensée superficielle ou simpliste. Bien au contraire, malgré la simplification intentionnelle des concepts, c'est une théorie profonde, minutieusement raisonnée, fondée sur l'observation clinique et quotidienne des êtres humains.

Le modèle des états du Moi

Afin de découvrir l'existence des états du Moi, je vous invite à vivre une expérience. Imaginez que vous rentriez chez vous tranquillement après le travail. À votre grande surprise, un ami vous attend devant la porte, un paquet à la main. Vous le saluez, échangez quelques paroles amicales sur le temps, le travail, la famille, puis il repart vous conseillant d'utiliser le cadeau surprise.

Intrigué, vous le déballez, surprise… surprise : il s'agit d'une boîte de peinture dont le principe d'utilisation est simple. Vous lisez la notice et vous expérimentez : placez une feuille sur le plateau mobile, branchez le plateau à la prise, allumez. Le plateau tourne à une vitesse que vous sélectionnez grâce à un bouton latéral. Pendant la rotation, choisissez les couleurs qui vous conviennent, pressez les flacons. Après avoir lu la notice, vous vous dites : « Mais c'est stupide, quelle idée de m'offrir un truc pareil ! C'est pour les gosses ! » Néanmoins, intrigué et curieux de voir le résultat, vous décidez de faire un essai, et c'est avec une grande joie que vous observez les couleurs qui se mélangent et se répartissent sur la feuille, donnant un superbe résultat. Vous terminez en vous exclamant : « C'est génial ! »

Pendant la lecture de ce texte, il se peut qu'un certain nombre de messages vous aient traversé l'esprit tels que : « Mais c'est quoi cette histoire stupide ? », « Cette situation n'arrive jamais, elle est inventée de toutes pièces ! » Ou encore des messages qui auraient pu être prononcés par des aînés ayant appartenu ou appartenant à votre entourage (parents, fratrie, professeurs, amis…). Ces messages seraient issus de votre mémoire de messages parentaux.

Lorsque vous vous comparez, que vous pensez, ressentez d'une manière calquée sur vos parents ou sur des figures parentales, on dit que vous êtes dans votre Moi Parent. Dans notre petite histoire, cela est révélé dans les phrases « mais c'est stupide », « quelle idée de m'offrir un truc pareil, c'est pour les gosses… ». L'idée de jugement émergeant à travers ces propos, nous l'attribuerons au Parent Normatif.

Une seconde catégorie de messages parentaux existe, destinés à soutenir, encourager les autres ;

nous les attribuerons au Parent Bienveillant. Ils n'apparaissent pas dans notre récit.

Continuons notre décryptage. Lorsque vous lisez la notice d'utilisation du jeu, c'est votre Moi Adulte avec sa capacité à évaluer, réfléchir, analyser, comparer, qui est à l'œuvre. Lorsque vous décidez de « jouer », vous faites appel à votre Moi Enfant, et l'exclamation « c'est génial » est l'expression de votre Enfant Libre qui parle spontanément.

Dans la pratique quotidienne de l'Analyse Transactionnelle, vous direz simplement que vous êtes : dans « l'enfant », dans le « parent » ou dans « l'adulte »… Si vous vous observez, vous repérerez que, tout au long de la journée, vous passez de l'un à l'autre, la plupart du temps de façon mécanique et inconsciente.

Tout au long de ce chapitre nous allons vous proposer de mener une enquête. Tel Sherlock Holmes, vous allez partir à la découverte de vos états du Moi, de votre façon de communiquer. Cette connaissance plus approfondie de vos mécanismes vous permettra d'améliorer grandement votre communication, comme nous le verrons dans le chapitre intitulé « Devenez un communicateur hors pair ».

Nous vous proposons de démarrer l'enquête immédiatement par un premier exercice d'observation : repensez tranquillement aux dernières quarante-huit heures, notez les situations où vous étiez dans « l'enfant », dans le « parent », ou dans « l'adulte ». Notez également comment vous vous sentiez dans chacun de ces états du Moi. Lequel utilisez-vous de préférence ?

Revenons un peu à la théorie : en mettant ces trois états du Moi ensemble, nous obtenons un premier diagramme nommé le « modèle des états du Moi », représentant la personnalité. Il est symbolisé par trois cercles superposés.

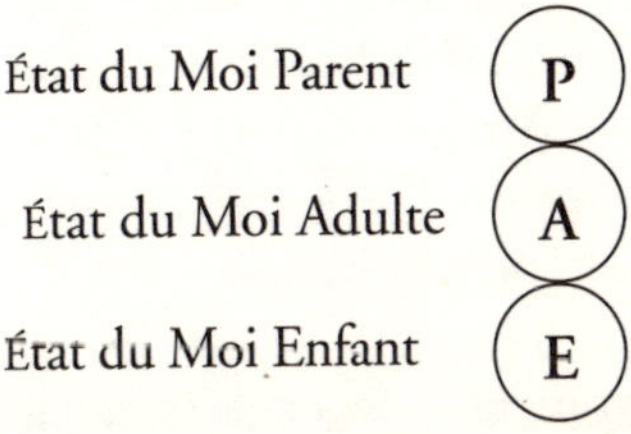

Dans l'état du Moi Parent, vous vous comportez, pensez, ressentez d'une manière calquée sur vos parents ou sur des figures parentales qui ont été fondamentales dans votre histoire personnelle.

Dans l'état du Moi Adulte, vous êtes capable de raisonner, analyser, synthétiser, décider en réaction directe à l'ici et maintenant.

Dans l'État du Moi Enfant, vous reproduisez des comportements, des pensées, des sentiments de l'enfance.

En regardant ce schéma, vous constatez que l'état du Moi Adulte a une fonction équilibrante entre les pulsions de l'état du Moi Enfant et les normes contenues dans l'état du Moi Parent.

Pour compléter cette première approche, prenez trois minutes pour noter tous les mots qui vous viennent à l'esprit pour décrire une personne de votre entourage dans son Moi Parent, dans son Moi Adulte, et dans son Moi Enfant (une minute par état du Moi). Par exemple, Moi Parent : fronce les sourcils, voix sèche, doigt tendu, ton menaçant…

Rentrons plus avant dans l'analyse du fonctionnement des états du Moi et de leur structure.

L'état du Moi Parent

Nous avons noté qu'un sujet est dans son Moi Parent lorsque son comportement reproduit celui qu'il a vu, entendu, perçu, observé chez ses propres parents ou chez des personnes qui ont eu sur lui une influence forte. Ces figures peuvent être des modèles plus récents, tels qu'un patron, une idole, un ami très proche, etc.

Le « Parent » est subdivisé en deux réalités très distinctes : le Parent Normatif (PN) et le Parent Bienveillant (PB).

Le Parent Normatif contient les règles, les ordres, les normes, les préjugés, les cadres référentiels, les critiques, les modèles de comportement, d'autorité, de pouvoir ou d'emprise sur les autres. Il présente un aspect positif et vital : en effet, sans cadre, sans règle, il n'y a pas de socialisation possible, de respect, de capacité à diriger et donner des instructions à autrui. Son aspect négatif apparaît lorsqu'il s'exprime pour critiquer, dévaloriser, rabaisser, agresser l'autre. On dit alors que le sujet est dans un rôle de persécuteur.

Le Parent Bienveillant (ou nourricier, suivant les traductions) implique une bienveillance émanant d'une position de respect authentique de l'autre. Le Parent Bienveillant protège, encourage, félicite, accompagne. Dans son aspect négatif, il devient surprotecteur, empêchant l'autre de s'exprimer, de grandir, d'évoluer. Poussé à l'extrême, il fait tout à la place de l'autre, l'étouffant par « excès de bienveillance ». Ce rôle est appelé « sauveur négatif ».

Des trois états du Moi, le Parent est celui qui fonctionne le plus comme un magnétoscope. L'enfant et l'adolescent ont mémorisé un grand nombre d'informations, de modèles, d'attitudes parentales, aussi bien verbalement que physiquement, de type normatif ou bienveillant. Plus tard, l'état du Moi Parent reproduit ces enregistrements plus ou moins consciemment.

Avez-vous déjà eu l'impression de parler comme votre père, ou votre mère, de reproduire une attitude, un geste, une intonation qui vous les rappelle ? Quelqu'un de proche vous a-t-il déjà interpellé de la sorte : « Arrête, tu parles comme ta mère… » Ce fait est banal, il montre simplement que vous utilisez à ce moment précis votre Moi Parent.

Prenons quelques exemples de types de phrases utilisées par le :

Parent Normatif (PN) :

- Tu es incapable de…
- Tu n'y arriveras jamais.
- C'est comme ça et pas autrement.
- C'est stupide.
- Il est complètement idiot.

Parent Bienveillant (PB) :

- Je peux t'aider ?
- Mais si, tu vas y arriver.
- Ne t'en fais pas, ça va s'arranger.
- Laisse, je m'en occupe.

Il est important de noter que ces messages parentaux ne sont pas utilisés exclusivement dans le but de communiquer. Ils constituent également des injonctions que nous nous adressons à nous-même, des petites phrases qui émergent dans notre mental et qui peuvent être facilement inhibitrices !

Petit entraînement : repérez dans votre quotidien les phrases récurrentes que vous utilisez lorsque vous êtes dans votre Parent Normatif. Procédez à la même observation lorsque vous êtes dans le Parent Bienveillant. Lequel de ces états utilisez-vous le plus fréquemment ?

L'état du Moi Enfant

Il est lui aussi subdivisé, mais en quatre parties : l'Enfant Adapté, l'Enfant Libre, l'Enfant Rebelle et le Petit Professeur.

Imaginez que vous êtes dans l'Enfant, vous vous comportez, vous pensez, vous ressentez comme vous le faisiez dans votre enfance.

Très tôt, vous avez repéré que certains comportements plaisaient, convenaient à vos parents ou aux substituts parentaux qui s'occupaient de vous. Vous vous adaptiez à leurs exigences, à leurs règles pour leur faire plaisir. Or, adulte, vous reprenez souvent ces manières de vous comporter que vous aviez choisi d'adopter enfant pour vous mouler dans les attentes exprimées verbalement ou gestuellement par vos parents. Lorsque vous procédez ainsi, vous êtes dans la partie Enfant Adapté (EA) de l'enfant, qui génère souvent la soumission, l'introversion, l'effacement, la dévalorisation.

Ainsi, l'Enfant Adapté se présentera sous deux aspects majeurs :

- l'Enfant Adapté soumis qui s'efface devant les autres, a toujours peur de se tromper, dit oui à tout, respecte scrupuleusement toutes les consignes, les règles ;
- l'Enfant Adapté victime, souvent plaintif, qui se présentera avec une certaine fatalité, une impuissance face aux événements.

Étayons cette description par quelques expressions et attitudes caractéristiques :

Enfant Adapté (EA) soumis :

- Vous avez raison.

- D'accord, je serai là à l'heure.
- Frappe avant d'entrer.
- Si vous pensez que c'est mieux ainsi.
- Je ferai ce que vous me demandez.

Enfant Adapté (EA) victime :
- Je n'y arrive pas.
- C'est trop dur pour moi.
- Il faudrait que…
- Je ne suis pas capable de…
- Se plaint, gémit.

Certains auteurs en Analyse Transactionnelle montrent la révolte comme appartenant à une partie distincte qu'ils appellent l'Enfant Rebelle, d'autres considèrent la révolte comme faisant partie intégrante des comportements de l'Enfant Adapté. Nous avons fait le choix de vous le présenter comme une partie distincte.

Comment se manifeste-t-il ? En prenant systématiquement le contre-pied de tout ce qui lui est proposé. Son maître mot est donc : « non ».

Enfant Rebelle (ER) :
- Non.
- Ce n'est pas juste.
- Vous n'avez pas le droit.
- Coupe la parole.
- Transgresse les règles…

Passons à l'Enfant Libre (EL) ou enfant spontané. Lorsque vous êtes dans l'Enfant Libre, cela signifie que vous adoptez des comportements de votre enfance qui n'obéissent pas aux règles ou limites du Parent. Vous pouvez alors exprimer librement vos sentiments, vos émotions, vos désirs. Cette expression spontanée des sentiments évite les malaises et les incompréhensions si fréquents dans les relations humaines. L'Enfant Libre est aussi le siège de l'intuition qui vous permet de devenir créatif.

Voici quelques exemples du comportement de l'Enfant Libre :

Enfant Libre (EL) :

- Rire aux éclats.
- Exprimer ses sentiments : joie, tristesse, colère.
- Dire « j'aime ceci ou je n'aime pas cela ».
- Faire l'amour avec intensité et liberté.
- Créer, écrire, sculpter, chanter…

Éric Berne a beaucoup observé et étudié la capacité d'intuition de l'être humain : il a choisi de la représenter comme une entité à part qu'il a nommée le « Petit Professeur ». Cette partie du Moi Enfant fonctionne intuitivement en captant les informations du monde environnant via les cinq sens. Elle représente la porte d'entrée vers la créativité. Prenons quelques exemples pour illustrer le « Petit Professeur » :

Petit Professeur (PP) :

- Lors d'un brainstorming professionnel, laisser aller son imagination afin de trouver des solutions inédites et innovantes face à un problème.
- Créer une situation nouvelle à partir d'éléments identiques que l'on assemble différemment.
- Tripoter un appareil que l'on ne connaît pas pour en saisir le mécanisme sans passer par la lecture de la notice.

Ainsi dans le Moi Enfant nous retrouvons quatre subdivisions :

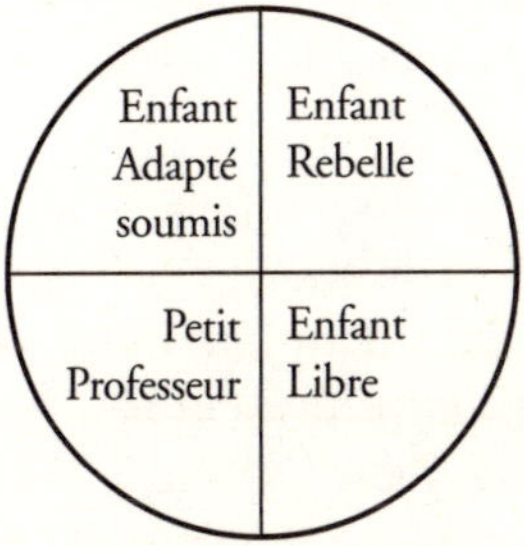

Voici la suite de votre entraînement : repérez dans votre quotidien les phrases types récurrentes que vous utilisez lorsque vous êtes dans votre Enfant Libre, Enfant Adapté, Enfant Rebelle, Petit Professeur.

L'état du Moi Adulte

Dans le diagramme fonctionnel, l'Adulte n'est pas subdivisé. On y retrouve toutes les capacités d'analyse, comparaison, évaluation, déduction, compréhension, etc., toutes les ressources de l'individu en tant que « grande personne ». Ainsi on appelle souvent l'état du Moi Adulte « l'ordinateur ».

Dans son aspect positif, il permet d'engranger les informations, de prendre les décisions, de mener à bien toute tâche, de négocier, d'exprimer, comparer… Ce caractère très raisonnable et raisonneur peut entraîner dans son aspect négatif une grande froideur affective, pouvant aller jusqu'à déclencher l'impression d'avoir un « robot » en face de soi.

Voici quelques exemples de comportements de l'état du Moi Adulte :

- Demander des informations ou des renseignements complémentaires.
- Poser des questions sur le fonctionnement d'un appareil ou d'un objet.
- Demander l'avis des autres : « Qu'en penses-tu ? Es-tu d'accord ? »

L'Adulte écoute son Enfant et son Parent, puis décide en comparant, évaluant, raisonnant.

Analysons une situation dans laquelle nous retrouvons les trois états du Moi à l'œuvre. Pierre doit présenter un compte rendu d'activité à son patron. Son Parent Normatif lui dit : « Allons, vérifie toutes les pages et les données de ton rapport, on ne sait jamais, une erreur est vite arrivée. » Son Enfant Rebelle répond : « Ah ! C'est pas juste, je ne vais pas encore passer du temps sur ce fichu rapport, alors que j'ai envie d'aller au cinéma. »

Dans la deuxième partie de la phrase, c'est l'Enfant Libre de Pierre qui s'exprime. Finalement, l'Adulte décide de relire rapidement le rapport et d'aller au cinéma à la séance suivante.

Maintenant, c'est à vous : à l'aide de votre loupe de Sherlock Holmes, repérez les phrases types, les attitudes, les gestes, les injonctions que vous utilisez lorsque vous êtes dans votre Moi Adulte.

Identifier les états du Moi

Avec un peu d'entraînement votre grille de lecture va s'affiner. Vous pourrez ainsi percevoir l'Enfant Adapté derrière l'Adulte apparent ou l'Enfant Rebelle qui se contient verbalement.

Prenons un exemple. Monsieur D. est assis, jambes croisées, son pied droit se balance rapidement d'avant en arrière, sa main droite pianote impatiemment sur le bord du bureau, pendant qu'il me présente, d'une voix claire et posée, un produit qu'il sort de sa mallette de démonstration.

Sa voix, son discours, son intonation dépourvus d'émotions sont bien ceux d'un adulte, mais sa posture et ses gestes nous indiquent qu'il est en fait dans l'Enfant Rebelle. Cette hypothèse se vérifiera quelques secondes plus tard lorsque je lui dirai que ses produits sont fort attrayants, mais qu'ils ne m'intéressent pas actuellement. Il se relèvera en colère et me dira d'une voix beaucoup plus forte et aiguë que je lui ai fait perdre son temps, ce qui est totalement injuste car il a un planning très chargé et il doit vendre pour gagner sa vie !

Il existe bien sûr quelques indications types des états du Moi, mais chaque être humain ayant une histoire unique, ces indications lui seront propres. Quand quelqu'un imite l'un de ses parents, les intonations ou les injonctions qu'il utilise sont évidemment très personnelles.

Maintenant que vous avez repéré à l'aide des exercices proposés vos états du Moi et que vous êtes capable dans votre quotidien de les reconnaître, vous allez pouvoir observer comment ces états du Moi se manifestent chez vos interlocuteurs. Profitez des diverses situations de communication qui jalonnent votre journée pour jouer à

« où es-tu ? ». Ce jeu est très simple et ludique. Dans un premier temps vous repérez l'état du Moi dans lequel vous vous trouvez ; dans un second temps, vous observez dans quel état du Moi se trouve votre interlocuteur lorsqu'il vous répond. Ainsi, si vous n'avez pas atteint la « bonne cible », vous pourrez changer d'état du Moi pour reformuler votre question ou relancer la situation dans laquelle vous vous trouvez.

Communiquer efficacement en s'observant et en observant « l'autre » devient alors un jeu d'enfant source de bonheur et d'équilibre.

Regardons de plus près comment se présentent ces échanges verbaux nommés « Transactions ».

Les Transactions

L'Analyse Transactionnelle appelle « Transaction » tout échange verbal ou non entre les états du Moi de deux personnes.

Quelques exemples :

« – Où se trouve la rue Mirbo ?

– Deuxième à gauche. »

Il s'agit d'une Transaction entre les états du Moi Adulte de deux personnes, car elles ont échangé une information ici et maintenant, avec des mots, intonations et gestuelles qui confirment l'état du Moi Adulte.

« – Il est nul ce prof !

– C'est normal, maintenant ils ne choisissent ce métier que pour les vacances ! »

Cet échange est une Transaction entre les états du Moi Parent Normatif de deux personnes.

Nous pouvons présenter ces Transactions à l'aide d'un schéma.

Pour le premier exemple nous aurons :

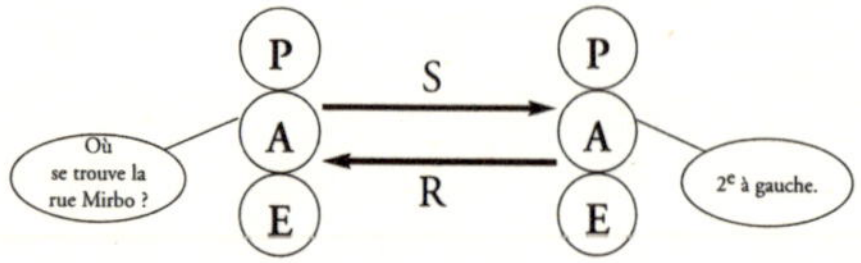

En langage Analyse Transactionnelle, les flèches sont nommées « vecteurs ». Le S signifie « stimulus » et le R « réponse ».

Le premier personnage a posé une question à partir de son Moi Adulte, il a obtenu une réponse émanant du Moi Adulte de la personne à laquelle il s'adressait, c'est pourquoi les flèches partent de A vers A et vice versa.

Pour le second exemple nous aurons :

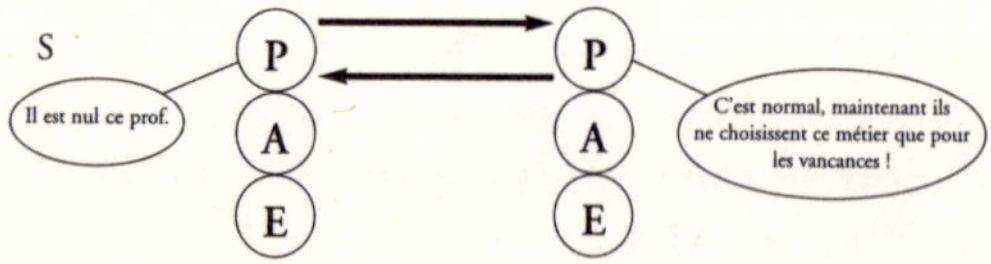

Ces deux exemples illustrent une catégorie de Transactions dites « Transactions Complémentaires », dans lesquelles les vecteurs transactionnels sont parallèles et où l'état du Moi visé est celui qui répond.

Voyons quelques Transactions Complémentaires :

Transaction Enfant-Enfant :

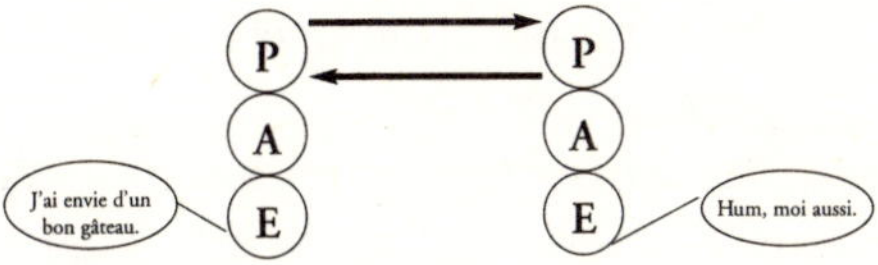

Transaction Enfant-Parent :

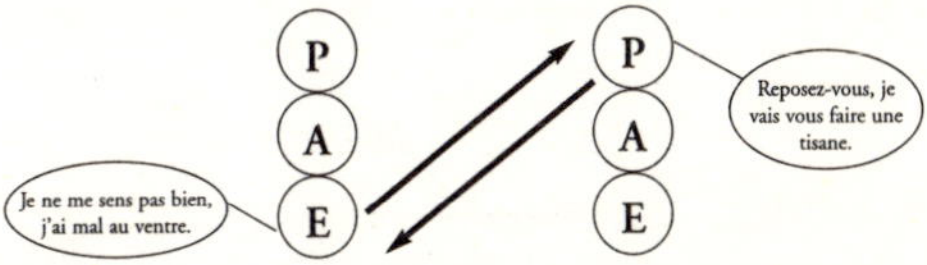

Ces Transactions parallèles sont directes et peu ambiguës. Tant que ces Transactions demeurent complémentaires, la communication peut continuer indéfiniment. C'est la première règle de communication en Analyse Transactionnelle.

Prenons maintenant l'exemple de Transactions Croisées.

Un manager dit à son assistante : Avez-vous fini de préparer mon dossier, A. ?

Son assistante se lève et menace : Votre dossier, votre dossier, je ne peux pas vous le rendre, je n'y comprends rien ! Vous n'avez qu'à m'expliquer un peu mieux ce que vous attendez de moi !

Ce n'est évidemment pas la réponse adulte que le manager attendait face à sa question adulte. Au contraire, l'assistante s'est mise en colère, contactant son Parent Normatif et, en se fâchant, elle a incité le manager à quitter l'Adulte pour entrer dans son Enfant Adapté. Nous schématiserons cet échange ainsi :

Transaction Croisée Adulte-Adulte, Parent-Enfant :

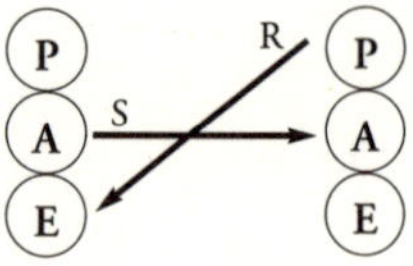

Le terme « croisée » correspond au ressenti du sujet. En effet, lorsque l'assistante se met en colère et crie, elle rompt toute possibilité d'échanger, de communiquer.

Ainsi la définition de la Transaction Croisée sera : « Transaction dans laquelle les flèches ne sont pas parallèles ou dans laquelle l'état du Moi visé n'est pas celui qui répond. »

La deuxième règle de communication stipule alors : quand une Transaction est croisée, il en résulte une rupture de la communication et il sera nécessaire que l'un des deux ou les deux individus changent d'état du Moi pour que la communication soit restaurée.

Les Transactions Cachées à double fond sont le nom donné aux Transactions floues et ambiguës que l'on nomme dans le langage courant « sous-entendus ». Dans ce type de Transactions, deux messages sont émis en même temps : l'un d'eux est un message ouvert, il correspond à ce qu'entendrait ou verrait un observateur extérieur ; le second est un message caché, de niveau psychologique.

La plupart du temps, le contenu du niveau social est Adulte-Adulte. Les messages du niveau psychologique sont Parent-Enfant ou Enfant-Parent.

Voici un exemple :

Le patron : Où avez-vous mis mon dossier concernant l'affaire Dupont ?

L'assistante : À sa place, dans le deuxième tiroir de votre bureau !

En lisant ces deux phrases, nous dirons que c'est une Transaction Complémentaire Adulte-Adulte, ce qui est exact au niveau social.

Mais si nous affinons notre diagnostic comportemental, nous notons :

Le patron, d'une voix cassante et accusatrice, les muscles du visage tendus, les poings serrés : Où avez-vous mis mon dossier concernant l'affaire Dupont ?

L'assistante, d'une voix mal assurée, aiguë, rapide, tête baissée, les sourcils levés : À sa place, dans le deuxième tiroir de votre bureau.

La lecture du niveau psychologique de ce dialogue nous montre qu'il s'agit d'un échange parallèle et qu'en réalité, si nous traduisons en mots toute notre observation, nous obtiendrons le dialogue suivant :

Le patron : Il faut toujours que vous déplaciez mes affaires afin que je n'y retrouve plus rien.

L'assistante : Vous m'accusez toujours à tort.

Ce qui se schématise de la façon suivante :

Ss --> Stimulus au niveau social
Rs --> Réponse au niveau social
Sp --> Stimulus au niveau psychologique
Rp--> Réponse au niveau psychologique

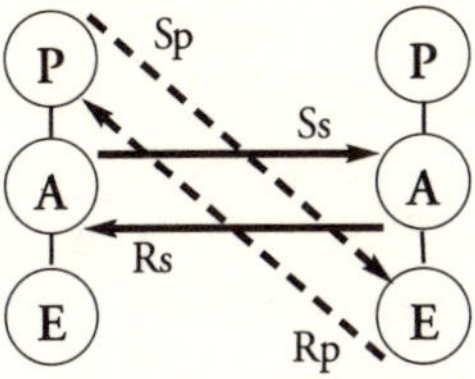

La troisième règle de communication nous dit que le comportement qui résulte d'une Transaction Cachée est déterminé au niveau psychologique et non au niveau social. Ce qui implique que ce qui se passe réellement est toujours le résultat des messages secrets.

Pour comprendre ce niveau, il faut donc observer les indications non verbales que l'on va repérer, la respiration. Ainsi, pour utiliser l'Analyse Transactionnelle, vous devez vous entraîner à cette lecture corporelle.

Dans chaque Transaction vous pourrez repérer un niveau social et un niveau psychologique. Mais dans les Transactions Cachées les deux niveaux sont en désaccord… En bref, les mots et les gestes n'expriment pas la même chose. C'est pourquoi il vous faudra prendre en compte les signes non verbaux ainsi que les mots pour analyser correctement les Transactions.

En conclusion, nous dirons, en nous appuyant sur l'article « Options » de Stephen

Karpman, que nous pouvons choisir de communiquer comme nous le souhaitons. Mais si nous nous sentons coincés dans un type de Transaction qui ne nous convient pas, nous avons alors quatre stratégies possibles pour sortir de cette impasse :

- l'un des deux ou les deux états du Moi doivent effectivement changer ;
- la Transaction doit être croisée ;
- le précédent sujet doit être abandonné.

Le nombre possible de transactions est très élevé mais nous en utiliserons huit de façon privilégiée. Nous pouvons répertorier celles qui permettent une communication efficace et celles qui sont source de malentendus et de difficultés.

Communications efficaces
Parent Normatif --> Adulte
Adulte --> Adulte
Enfant Libre --> Enfant Libre
Parent Bienveillant --> Enfant

Communications peu efficaces, voire négatives
Parent Normatif --> Enfant Adapté
Parent Bienveillant --> Enfant Adapté
Enfant Adapté --> Enfant Rebelle
Enfant Adapté --> Parent Bienveillant

Amusez-vous à observer dans une émission télévisée de votre choix les différents types de Transactions utilisées par les interlocuteurs en présence. Ce petit jeu vous permettra très rapidement de les reconnaître. Dans un second temps, vous pourrez poursuivre le jeu en observant les Transactions auxquelles se livrent vos proches… Et pourquoi ne pas jouer à vous observer vous-même ?

Les Strokes

Imaginez, maintenant, que vous allez faire vos courses ; vous entrez dans la boulangerie du coin et demandez une baguette après avoir dit bonjour. Puis vous discutez avec votre boulangère :

« – Quel sale temps aujourd'hui, n'est-ce pas ?

– Oui, et il paraît que ça va durer toute la semaine… »

Vous venez ainsi d'échanger avec votre boulangère des Strokes. Un Stroke se définissant comme étant une unité de reconnaissance.

Nous avons tous besoin de Strokes, qu'ils soient positifs ou négatifs ; nous nous sentons en manque si nous ne les obtenons pas.

Éric Berne parle de faim de stimulations physiques et mentales. Il stipule que chaque être humain a un appétit différent, allant du goulu à la tendance anorexique.

René Spitz a révélé dès 1945 que des bébés élevés en pouponnière présentaient de nombreux problèmes physiques et affectifs car ils manquaient de stimulations. En particulier de contacts physiques, réduits au minimum.

Par ailleurs A. Maslow, dans son étude sur les motivations humaines, démontre que l'être humain a des besoins vitaux qui sont hiérarchisés. Ce qui implique qu'un besoin supérieur n'apparaît que lorsque le besoin inférieur est relativement satisfait.

Au premier niveau, apparaissent les besoins de survie, parmi lesquels figurent les besoins de stimulation. Au deuxième niveau, nous retrouvons les besoins de sécurité. Au troisième, le besoin de reconnaissance.

Afin d'expliquer la combinaison du besoin de stimuli et du besoin de reconnaissance, Éric Berne introduit la notion de Stroke qui désigne donc tout acte impliquant la reconnaissance de la présence d'autrui.

Ainsi en souriant à quelqu'un, en le regardant, en le cognant ou en l'engueulant, on lui donne un Stroke. Les Strokes sont verbaux ou non verbaux, positifs ou négatifs, conditionnels ou inconditionnels.

Nous ne reviendrons pas sur tous les Strokes verbaux ou non que vous savez repérer facilement.

Nous dirons qu'un Stroke est positif lorsque la personne qui le reçoit le vit comme étant agréable, et à l'inverse qu'un Stroke est négatif lorsqu'il est vécu comme désagréable. Nous pourrions penser que nous allons rechercher essentiellement des Strokes positifs ; or, en fait, nous recherchons tout type de Strokes car « tout Stroke vaut mieux que pas de Stroke du tout ».

Observez un jeune enfant : il tente d'attraper la cuillère avec laquelle le nourrit sa mère qui, se plaçant dans son Parent Normatif, lui oppose un non catégorique. L'enfant continue sa tentative jusqu'à ce que sa mère se fâche et là, il pleure. Il sait pertinemment qu'en persistant il va recevoir un Stroke négatif, mais il préfère continuer plutôt que de prendre le risque de voir sa mère s'intéresser à autre chose ou à un autre membre de la famille.

À l'âge adulte, nous reproduisons souvent ce schéma de nourrisson qui nous amène à des comportements pouvant paraître de l'extérieur très masochistes.

Il nous reste à définir les Strokes conditionnels qui s'appliquent à ce que nous faisons ; par exemple : « Tu as bien travaillé ce mois-ci ! »

(Stroke positif conditionnel), et les Strokes inconditionnels qui s'appliquent à ce que nous sommes : « J'adore discuter avec toi » (Stroke positif inconditionnel).

Au quotidien, nous reproduisons des modèles enfantins, que nous utilisions petits pour obtenir des Strokes, ou bien nous nous moulons dans des comportements qui nous permettent d'obtenir les Strokes dont nous avons besoin. Ces comportements sont en grande partie déterminés par les scénarios que nous avons choisi inconsciemment de vivre. Certains Strokes semblent être au départ positifs mais se finissent par une note négative, on parle alors de Strokes contrefaits.

Exemple : « Cette robe te va bien, mais tu ne crois pas que la couleur est un peu terne ! »

Par ailleurs, lorsque quelqu'un obtient un Stroke qui n'est pas dans son scénario, il n'en tient pas compte ou le minimise.

Voici un exemple. Un collègue vous dit : « J'apprécie beaucoup la manière dont tu as dirigé cette réunion. » Mais si, enfant, vous avez décidé que vous suivriez toujours autrui, sans être leader, vous allez lui répondre un merci fuyant et rougissant, et vous demander s'il ne se moque pas de vous à travers cette remarque déplacée… Car ce Stroke ne franchira pas votre

« filtre à Strokes » qui ne laisse passer que ceux qui cadrent avec vos scénarios.

Claude Steiner a introduit à ce sujet une théorie fort intéressante qui suggère qu'enfants nous sommes tous conditionnés par nos parents qui nous imposent des règles concernant la gestion des Strokes :

- « Ne donne pas les Strokes que tu as envie de donner. »
- « Ne demande pas les Strokes dont tu as besoin. »
- « N'accepte pas les Strokes que tu désires. »
- « Ne refuse pas les Strokes que tu ne veux pas. »
- « Ne te donne pas de Strokes à toi-même. »

Les parents peuvent ainsi détenir le monopole des Strokes, alors qu'ils sont illimités. Adultes, ces règles continuent à être opérationnelles, nous mettant dans un état de semi-privation de Strokes, et nous refusons souvent obstinément de nous donner des Strokes à nous-mêmes car toute notre éducation nous pousse vers la modestie : ne pas se faire remarquer, ne pas se vanter… Nous limitons ainsi inconsciemment nos sources de Strokes et nous sentons frustrés. Or, nous pouvons nous encourager et nous donner des Strokes à tout moment, la source étant illimitée, inépuisable.

Observez quelles sont les situations professionnelles, personnelles, intimes, etc. dans lesquelles vous cherchez à recevoir le plus de Strokes. Y parvenez-vous ? Par quels moyens ? Les vivez-vous positivement ou négativement ? Que faites-vous des Strokes négatifs ? Réussissez-vous à les transformer positivement ? La réponse à l'ensemble de ces questions vous révélera votre cartographie de « Strokeur ».

Les Jeux Psychologiques

Éric Berne a consacré un livre entier à ces jeux, intitulé en français « Des jeux et des hommes » (en collaboration avec Léo Dilé, Paris, Stock, 1996). Le terme semble assez inadapté puisque au moins l'un des joueurs voire plusieurs se sentiront mal, déstabilisés à la fin du jeu. Mais qu'est-ce qu'un Jeu Psychologique ? C'est une suite de Transactions dans lesquelles les joueurs s'installent inconsciemment dans les trois rôles majeurs : le persécuteur ou bourreau, la victime ou persécuté et le sauveur ou sauveteur, suivant les traductions.

Le rôle du Persécuteur est une forme excessive du Parent Normatif dans sa fonction critique ou dévalorisante.

Le rôle de Victime est une forme excessive de l'Enfant Adapté dans la mesure où il s'agit d'une forme de dévalorisation de soi.

Le rôle du Sauveur est une forme excessive du Parent Bienveillant dans la mesure où il s'agit de surprotection, de « surbienveillance » qui empêche l'autre de grandir et d'être autonome.

Tous ces comportements sont animés par des pulsions.

Dans ces Jeux Psychologiques, l'échange est typiquement celui de Transactions à double fond. L'avantage du jeu réside dans le fait que les personnes impliquées vivent un moment intense ensemble sans rien résoudre, sans faire bouger ou évoluer quoi que ce soit. Elles échangent une quantité de Strokes importante, évitent l'exigence de transparence qu'implique la relation de proximité, résolvent inconsciemment l'angoissant problème qui consiste à chercher comment passer son temps ensemble. De plus, les joueurs peuvent rejouer indéfiniment.

Revenons à notre enquête.

Observez si vous utilisez ce Jeu Psychologique dans votre cadre professionnel ou personnel. Si oui, essayez d'en sortir en vous plaçant dans votre Moi Adulte. Ce changement permettra de stopper le Jeu Psychologique et de permettre à chaque acteur de se repositionner différemment.

Pourquoi la femme et l'homme sont-ils différents ?

Essayons maintenant de comprendre ensemble quelles sont les différences fondamentales qui distinguent les hommes des femmes.

Le cerveau a-t-il un sexe ?

Force est de constater que les hommes et les femmes rencontrent fréquemment des difficultés de communication et de compréhension réciproque. Pour une large majorité d'hommes, les femmes restent un mystère, une énigme difficile à appréhender. Inversement, pour une large majorité de femmes, les hommes sont incompréhensibles, ne réagissant jamais comme elles le souhaiteraient ! Nous pouvons illustrer ce constat en disant : « Chacun vit sur sa planète, régie par des lois de fonctionnement qui lui sont propres, et ne parvient que peu ou difficilement à entrer dans l'atmosphère de sa planète voisine. »

Pourtant, il serait passionnant pour chacun de découvrir le fonctionnement de cet « autre monde » afin de mieux percevoir puis accepter les différences et les complémentarités qui existent entre eux.

Nous vous invitons à vous installer confortablement pour effectuer ce voyage interplanétaire. Commençons par interroger les scientifiques. Quel éclairage peuvent-ils nous apporter ?

Nous savons aujourd'hui qu'au cœur de chacune de nos cellules se trouve l'ADN (acide désoxyribonucléique), le gardien de notre patrimoine génétique. Ces molécules d'ADN se condensent et s'organisent en chromosomes. Chaque cellule contient vingt-trois paires de chromosomes parmi lesquelles une paire diffère entre l'homme et la femme : la vingt-troisième paire. Elle contient chez la femme le chromosome X, chez l'homme le chromosome Y. Le chromosome X est le plus grand de tous (riche et complexe), et le chromosome Y le plus petit (simple). Certains y verront déjà le signe ou la preuve de la nature complexe de la femme et de la nature primaire de l'homme ! Tant il est vrai que la guerre des sexes est omniprésente dans notre société et dans l'inconscient collectif. Ne nous laissons donc pas égarer par nos préjugés dans cette étude comparative.

La science nous révèle que le chromosome Y, propre au genre masculin, est responsable des variations dans la production des hormones sexuelles. Les hormones, secrétées par certaines glandes et véhiculées par le sang, sont des messages moléculaires. Parmi les hormones sexuelles : les androgènes, hormones dites « mâles » (principalement la testostérone), et les œstrogènes, hormones dites « femelles » (œstrogène, progestérone, prolactine). Ces hormones sont secrétées par les testicules chez les mâles, les ovaires chez les femelles, et par les glandes surrénales chez les mâles et les femelles.

Les mâles et les femelles produisent les hormones des deux sexes, à des concentrations variables selon le sexe et la période du cycle de vie dans laquelle se trouve le sujet. Ainsi, la testostérone, qui circule en quantité plus élevée dans le sang masculin, est le relais biologique du chromosome Y. On peut la qualifier d'hormone du désir, de la sexualité et de l'agressivité, autrement dit d'hormone de la compétition ou de la conquête, qu'elle soit militaire (aspect professionnel) ou sexuelle (aspect intime). Quant aux œstrogènes, on peut les qualifier d'hormones de la coopération, de la protection. C'est aussi à ces hormones et à leurs fluctuations durant le cycle féminin que les médecins attribuent la fréquence plus élevée des migraines chez les femmes. Elles en souffrent environ trois fois plus que les hommes. Cette inégalité ne vaut que pour les adultes car, jusqu'à la puberté, il n'y a aucune différence notable entre garçons et filles.

L'action de ces hormones sexuelles s'exerce au tout début de la vie sur la différentiation sexuelle. Si les testicules d'un organisme génétiquement mâle ne produisent pas d'androgènes ou si les hormones ne peuvent agir sur les tissus en développement, l'organisme sera femelle. Des expériences scientifiques montrent également l'influence de ces hormones sur le comportement. Par exemple, un rongeur mâle privé peu après la naissance d'androgènes manifestera adulte des comportements sexuels femelles fréquents et des comportements mâles réduits. De même, si des androgènes sont donnés à une femelle peu après sa naissance, ses comportements d'adulte seront plutôt caractéristiques du mâle.

Ces expériences de laboratoire montrent à quel point ces hormones sexuelles et leurs dosages modèlent les caractères sexuels physiques, créant des différences morphologiques et comportementales très importantes.

Selon Doreen Kimura[1] et son équipe de recherche, la testostérone développe, lorsqu'elle est en concentration optimale :

- l'agressivité, la compétition, l'instinct de domination (le mâle dominant engendre et maintient la qualité de l'espèce) ;
- l'attrait pour une femelle jeune à protéger (et surtout, susceptible d'engendrer) ;
- la force musculaire (40 % de muscles chez l'homme, contre 23 % chez la femme) ;
- la vitesse de réaction et notamment l'impatience ;
- l'endurance et la ténacité ;
- le goût pour l'aventure, les expériences nouvelles et le risque ;
- le côté droit du corps (membres, doigts, stries digitales – au quatrième mois du fœtus) ;
- la cicatrisation des blessures ;
- la barbe et la calvitie ;
- la vision de loin ;
- le lancer de précision ;

---

[1] Doreen Kimuram, *Cerveau d'homme, cerveau de femme*, Paris, Odile Jacob, 2000.

- l'orientation dans l'espace.

De leur côté, les œstrogènes développent :

- les mouvements de précision – la femme peut plier facilement chaque doigt séparément, elle est très supérieure à divers tests de dextérité ;
- la graisse (protection et réserve pour le bébé) : 25 % de graisse chez la femme, contre 15 % chez l'homme ;
- l'attrait pour un mâle dominant, fort et expérimenté, socialement reconnu (donc moins jeune, mais susceptible de la protéger) ;
- le côté gauche du corps… et les stries digitales du pouce gauche ;
- la mémoire verbale (les noms) et la mémoire de localisation des objets ainsi que la vision de près ;
- l'ouïe : l'éventail des sons perçus est beaucoup plus large, et les femmes chantent juste six fois plus souvent que les hommes ; leur reconnaissance des sons est bien meilleure (entendre et reconnaître son bébé) ;
- l'odorat, développé jusqu'à cent fois plus à certaines périodes du cycle.

On s'aperçoit à travers ces deux listes que les organes des sens sont très inégalement développés : les femmes sont en général plus sensibles. Leur ouïe est plus fine, elles portent plus d'attention au timbre de la voix, à l'ambiance musicale et sont naturellement plus à l'écoute de leur corps, de la nature et d'autrui. Elles possèdent dix fois plus de récepteurs cutanés pour le contact, ce qui se manifeste par un besoin plus important de toucher et d'être touchées. Leur odorat est également plus fin que celui des hommes. Ces organes des sens seront donc plus érotisés chez la femme que chez l'homme, qui est pour sa part plus développé et axé sur le visuel, d'où son intérêt et son attirance pour l'aspect extérieur (vêtement, bijoux, maquillage...) et pour la nudité.

La structure et le fonctionnement du cerveau sont également directement liés à ces hormones. Les dernières recherches montrent que la testostérone favorise le développement du cerveau droit, ce qui implique que l'homme utilise préférentiellement cet hémisphère. Quant à la femme, elle utilise plus volontiers l'hémisphère gauche. Voici une représentation caricaturale du sexe du cerveau... dénuée bien sûr de tout caractère scientifique !

Le cerveau féminin

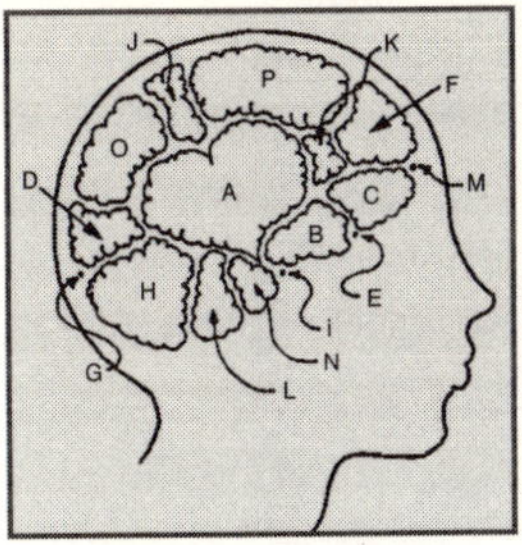

Cerveau féminin

A - Hémisphère du besoin de sécurité
B - Aire du besoin d'engagement (mariage)
C - Glande de détecteur de mensonge
D - Centre ressource des vêtements et chaussures
E - Micron du sexe après le mariage
F - Centre nerveux de la jalousie
G - Cellule du sens de l'orientation
H - Capacités d'écoute
I - Neurone de stationnement en créneau
J - Déclencheur de commérages
K - Capacité cognitive à utiliser l'aspirateur
L - Aire des achats impulsifs
M - Particule de lecture de cartes routières
N - Centre du chocolat
O - Noyau d'indécision
P - Capacités téléphone et conversations

Le cerveau masculin

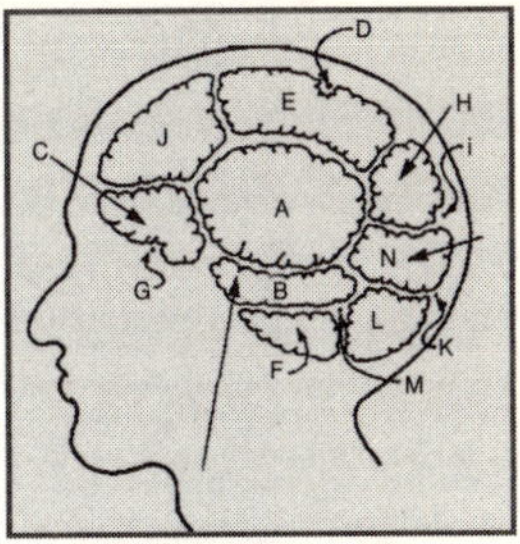

Cerveau masculin

A - Hémisphère du sexe
B - Centre de la bière, du vin et du football
C - Impulsion à mentir et/ou exagérer
D - Neurone de détection des pleurs d'un enfant en pleine nuit
E - Aire d'évitement des questions personnelles
F - Nerf de grattage du bas-ventre
G - Particule d'écoute
H - Glande des fausses excuses
I - Atome de l'aptitude aux tâches domestiques
J - Centre de dépendance à la télé et au zapping
K - Micron pour demander sa route
L - Capacité à manipuler la tondeuse à gazon
M - Capacité à trouver des choses dans le frigo et les placards
N - Aire de la conduite dangereuse

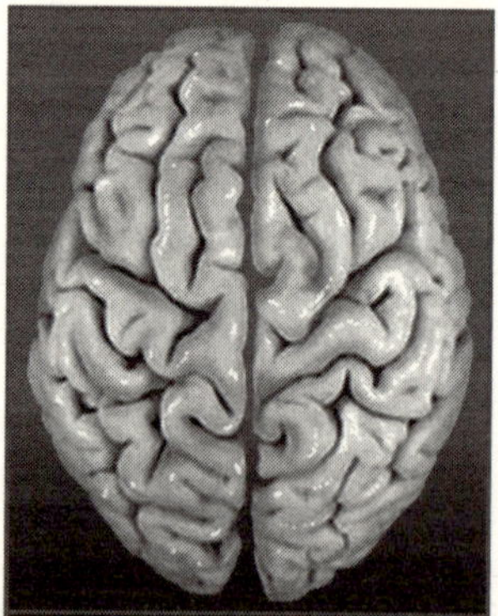

Le cerveau humain

Notre cerveau est en effet scindé en deux parties, deux hémisphères qui sont reliés par un faisceau de cellules nerveuses appelées « corps calleux ». Cette partie du cerveau permet de lier entre elles les informations traitées par chaque aire.

Les nouvelles technologies d'imagerie cérébrale permettent la mise en évidence des zones du cerveau s'activant lorsqu'un homme ou une femme accomplit un geste précis ou qu'il/elle s'adonne à une tâche intellectuelle particulière. Par exemple, lorsqu'une femme parle son cerveau « s'allume » au niveau de ses deux hémisphères, alors que chez l'homme, c'est surtout son hémisphère gauche qui est sollicité. Lorsqu'un homme ou une femme visualise la rotation dans l'espace d'un objet, c'est l'hémisphère droit qui travaille. De par sa prédominance cérébrale, l'homme est naturellement plus à l'aise pour cette tâche, ce que confirment tous les tests psychologiques.

Ainsi, grâce à différents tests et aux observations faites par l'imagerie cérébrale, nous savons aujourd'hui que certaines fonctions sont associées à telle ou telle partie du cerveau.

L'hémisphère gauche est surtout verbal, logique et analytique. Il est sollicité pour l'arithmétique, le calcul mental, la reconnaissance des noms de personnes, la structuration et l'organisation du temps, la logique verbale et la rédaction en prose. Il permet une perception rapide et séquentielle de la réalité. Il est qualifié d'auditivo-temporel et de « scientifique » ; il percevra l'arbre plutôt que la forêt (approche linéaire).

L'hémisphère droit est spatial, analogique et synthétique. Il est sollicité pour la perception des images, des formes et des couleurs (communication non verbale, muette). Il permet de percevoir la réalité dans son ensemble, la forêt dans sa globalité (approche systémique). Il est très doué pour les mathématiques supérieures, les choses concrètes, la visualisation d'une image ou d'un objet, le dessin, les opérations en parallèle et la perception que l'on a de soi-même (schéma corporel). Il est qualifié de visuo-spatial et « d'artistique ».

Ainsi les hommes sont, en général, plus doués pour les mathématiques, la mécanique, les tâches visuelles où il s'agit d'imaginer la rotation d'un volume dans l'espace ou la trajectoire d'un objet qui se déplace. C'est pour cela qu'ils peuvent plus facilement « prendre un raccourci » pour retrouver un lieu ou lire une carte routière.

Alors que les femmes se montrent supérieures pour tous les exercices liés au langage : mémoriser des objets posés sur une table, trouver des synonymes, mémoriser les noms de personnes. Elles ont également une élocution plus aisée et maîtrisent mieux la grammaire et l'orthographe. La dyslexie et le bégaiement sont d'ailleurs plus fréquents chez les hommes. De plus, l'ouïe de la femme est deux voire trois fois plus fine que celle de l'homme.

Tous ces éléments sont confirmés par des études scientifiques. Par exemple, dès l'école maternelle, les filles parlent quatre fois plus que les garçons et sont dix fois moins agitées. À l'âge de neuf ans, les filles présentent, en moyenne, dix-huit mois d'avance verbale sur les garçons. Ces chiffres attestent de la prédominance de l'hémisphère cérébral gauche chez la femme et du besoin qu'elle ressent de parler, de communiquer, d'échanger ses idées, de partager ses sentiments, d'exprimer ses émotions, etc., alors que l'homme a besoin de s'isoler dans sa tour d'ivoire, de rechercher des solutions à ses problèmes. Il se contente de transmettre les informations nécessaires et agit en conséquence (cerveau droit).

Cette différence fondamentale de fonctionnement engendre une incompréhension réciproque. Prenons l'exemple d'une femme qui s'exprime et partage une difficulté : l'homme ne l'écoutera pas d'une oreille féminine mais cherchera des solutions au problème et les lui soumettra. Ce qui engendrera chez elle le sentiment de ne pas être écoutée. Elle se dira alors : « Pourquoi ne parvient-il pas à voir ce dont j'ai réellement besoin, pourquoi se sent-il agacé lorsque je lui parle de mes problèmes ? »

L'homme de son côté, face à une difficulté, s'isolera dans sa tour intérieure sans parler de son problème, ce qui sera perçu par la femme comme un manque de partage, de proximité, d'amour. La femme pensera : « Pourquoi ne me parle-t-il pas de ses problèmes, pourquoi n'exprime-t-il pas ce qu'il ressent, ses sentiments ? », et l'homme se dira : « Pourquoi veut-elle absolument me faire parler, je n'ai pas besoin d'en parler pour résoudre mon problème… Je n'ai pas besoin d'exprimer mes émotions, de partager mes sentiments tout le temps. »

Nos prédominances hémisphériques sont donc bien au cœur de notre façon de vivre notre relation avec autrui. Nous pouvons conclure que le cerveau droit est masculin et le cerveau gauche féminin, cela étant directement lié à l'influence de la testostérone lors de la vie intra-utérine et de l'adolescence, autre période fondamentale au cours de laquelle le cerveau se sexualise.

Une seconde particularité est mise en évidence par l'imagerie cérébrale : la femme utilise beaucoup plus souvent que l'homme ses deux hémisphères. Lorsqu'elle parle ou écoute, son cerveau travaille de manière bien plus symétrique que celui de l'homme. Elle sollicite donc son corps calleux qui lui permet de faire des connexions interhémisphériques. Cela traduit son mode de pensée, que l'on peut qualifier de « pensée en réseau » : lorsqu'elle réfléchit, elle rassemble et intègre plus de données que l'homme qui a tendance, de son côté, à analyser les informations de manière plus linéaire et à rejeter rapidement ce qu'il considère comme superflu. Cela permet également aux femmes de mener simultanément plusieurs tâches avec une plus grande facilité.

Les hommes sont donc plus latéralisés puisqu'ils utilisent principalement la partie droite du cerveau. Et les femmes, moins latéralisées car même si elles utilisent majoritairement leur cerveau gauche, leurs deux cerveaux travaillent en coopération pour certaines tâches. Il ne faut pas en conclure pour autant que la mise en réseau des informations permet de développer des aptitudes supérieures.

Ce partage des tâches entre le cerveau gauche et le cerveau droit, entre la femme et l'homme serait le résultat, selon les scientifiques, de l'évolution qui a conduit les deux sexes à se partager les tâches de survie durant plus d'un million d'années. Parce que le bébé humain naît avec un gros cerveau, il a demandé une adaptation du corps féminin, notamment dans la largeur des hanches. En raison de sa lente maturité, il a aussi exigé d'être nourri longtemps au sein et protégé. La survie du groupe a donc nécessité l'établissement d'une base d'habitation et d'une division du travail : la femme au foyer et l'homme à la chasse. La chasse sur de grands espaces aurait ainsi engendré chez l'homme de meilleures capacités visuo-spatiales (repérage au loin, lancer de précision, retour vers la grotte) et un certain repli sur soi (le silence pour ne pas effrayer les animaux). Chez les femmes, la cueillette, la vie sociale et l'éducation des jeunes auraient favorisé le développement du langage.

Selon cette théorie, ces évolutions adaptatives auraient donc modelé nos cerveaux et nos organes des sens à travers notamment l'action des hormones dont nous avons vu le rôle fondamental dès les premières semaines de la vie intra-utérine. Ces orientations peuvent bien sûr être influencées, dans une certaine mesure, par l'éducation et la culture. Si nous replaçons les cinq mille dernières années de l'évolution de l'humanité sur le cadran d'une montre représentant un million d'années d'histoire de l'humanité, ces cinq mille années représentent quinze secondes avant minuit ! C'est dire l'importance de notre programmation biologique.

Illustrons cela par une note humoristique : les scientifiques nous disent que l'homme et le singe possèdent un patrimoine génétique commun à 98,4 %, soit une différence de 1,6 %. Les rapports sont les mêmes entre la femme et la guenon. Quant à ceux de l'homme et la femme, la différence est de 5 %, ce qui veut dire qu'un homme est plus proche physiologiquement du singe que de la femme ; et la femme plus proche de la guenon que de l'homme !

Voici un tableau résumant les idées-clefs développées dans ce chapitre, il est important de ne pas perdre de vue qu'il s'agit de généralités statistiques et que l'on estime que 20 % des hommes ont un cerveau « féminisé » et 10 % des femmes « masculinisé ».

Si vous souhaitez connaître votre préférence cérébrale, nous vous invitons à faire un test gratuit sur internet à l'adresse suivante : www.deslivresenor.com/test-cerveau.

FEMMES	HOMMES
- Chromosome X (le plus grand de tous)	- Chromosome Y (le plus petit de tous)
- Œstrogène, progestérone, prolactine	- Testostérone
- Cerveau gauche (en relation avec le cerveau droit)	- Cerveau droit
- Moins latéralisées (pensée « en réseau »)	- Plus latéralisés (pensée « compartimentée »)
- Orientées dans le temps	- Orientés dans l'espace
- Aptitudes pour le langage, la logique et la mémoire verbale	- Aptitudes pour la logique mathématique et spatiale, la mécanique
- Défenses immunitaires fortes	- Défenses immunitaires faibles
- Ouïe, toucher et odorat développés et érotisés	- Vue développée et érotisée
- Perçoivent davantage les nuances de couleurs	- Perçoivent davantage les formes et les mouvements
- Cueilleuses, protectrices	- Chasseurs et guerriers
- Coopération, soutien	- Conquête, compétition
- Calme et patience	- Impulsivité et vitesse
- Réserves (graisses)	- Puissance (muscles)
- Besoin de sécurité, d'être protégées	- Besoin d'aventure et de risque
- Besoin d'intimité pour la sexualité	- Besoin de sexualité pour l'intimité
- Besoin de parler et d'être entendues	- Besoin de trouver des solutions et d'agir
- Sortent de leur grotte	- S'enferment dans leur grotte
- Tendance à parler sans réfléchir	-Tendance à agir sans réfléchir
- Tendance à donner plus d'importance aux relations (familles, amis)	- Tendance à donner plus d'importance à leur travail

La connaissance des différences entre l'homme et la femme sur le plan hormonal, cérébral, morphologique, psychologique et comportemental est une aide précieuse pour mieux comprendre les personnes du sexe opposé (et parfois même celles de son propre sexe !). Cette compréhension permet déjà d'améliorer les relations et la communication entre les hommes et les femmes. L'homme, par exemple, aura profit à écouter attentivement une femme sans chercher à lui proposer de solutions, et la femme acceptera mieux le repli sur soi d'un homme lorsqu'il recherche une solution à son problème.

Ainsi, notre escale scientifique nous a apporté un premier éclairage. Pourtant les différences que nous venons d'évoquer ne sont pas la source de toutes nos difficultés relationnelles... Afin de poursuivre notre voyage découverte nous allons maintenant nous tourner vers un autre domaine : la psychologie.

Histoire du « bébé » d'homme

Né de la rencontre des désirs conscients ou inconscients de ses parents, le « bébé d'homme » se construit dans un paradis aquatique où l'ensemble de ses besoins physiologiques est satisfait de façon continue. Ses besoins psychologiques seront soumis aux fluctuations humorales de sa mère, son stress, sa fatigue, son écoute, sa disponibilité, ainsi qu'à sa capacité à capter in utero l'attention de son père.

La naissance représentera un « grand passage », processus qui l'amènera dans un monde où il devra apprendre à attendre : la satisfaction immédiate de tous ses besoins aura connu une éclipse en quelques heures, voire quelques minutes s'il naît par césarienne. Une fois le cordon ombilical coupé, il ne sera plus relié physiquement à sa mère. Mais, dans les dizaines de minutes qui suivront sa naissance, le processus d'attachement se mettra en route, qui sera favorisé par des comportements semblant liés à une programmation génétique de l'espèce.

Prenons un exemple illustrant cette programmation : dès la naissance 95 % des nouveau-nés, lorsqu'ils sont couchés sur le dos, tournent la tête vers la droite, et la mère tient spontanément son enfant sur le côté gauche de sa poitrine dans 80 % des cas, qu'elle soit droitière ou gauchère.

On découvre ainsi « tout un répertoire d'interactions programmées à l'avance dans le cerveau de la mère et dans celui de l'enfant (...), qui se déroule avec le caractère inéluctable d'un destin se jouant en quelques heures (...). En effet, plus le contact sera intense dans les quarante-cinq premières minutes, plus solide sera l'attachement. Ce dernier se poursuivra sur des mois et des années dans une extraordinaire complicité d'échanges entre le bébé et sa mère »[2].

Ainsi, l'attachement prend ses racines à la naissance. Il permettra au nouvel être de se sécuriser, de se sentir appartenir à une cellule familiale, puis à un clan. Ce sentiment est si fort que le bébé ne fait aucun distinguo entre lui et sa mère ; tous deux sont en fusion. Il ne percevra cette illusion que vers neuf mois, âge auquel il commencera à réaliser que lorsque sa mère s'absente, elle pourrait disparaître… Lui et elle sont distincts. Voilà qui sera source d'anxiété et de perplexité chez le bébé.

La marche, le langage, la propreté, la garderie, l'école, etc., lui permettront pas à pas de gagner en confiance et en autonomie. Ces deux caractères seront accessibles dans sa construction à condition que l'attachement ait pu s'établir naturellement et fortement. Plus cet attachement est fort, plus l'enfant pourra « voler de ses propres ailes en toute sécurité ».

---

[2] Cf. Jean-Didier Vincent, *Biologie des passions,* Paris, Odile Jacob, 1999.

Par ailleurs, de la naissance à trois ans, l'enfant n'est pas conscient de sa spécificité sexuelle, il se vit à la fois masculin et féminin, il est « un ». Vers trois ans, il perçoit dans le langage une différence : on utilise le pronom « il » pour désigner les garçons, le père, le grand-père, les figures masculines, et le pronom « elle » pour désigner les filles, la mère, la grand-mère, les figures féminines.

Parallèlement, il découvre en explorant son corps et en le comparant avec ceux de ses parents et/ou de ses frères et sœurs – « s'il a la possibilité de les voir nus » – que leurs corps sont différents.

À l'aide de ces deux prises de conscience, l'enfant perçoit que le monde est divisé en deux. D'un côté, les garçons qui possèdent un « kiki » ; de l'autre, les filles qui sont des « sans-kiki ». Lui qui était « un », masculin et féminin à la fois, pense qu'il a perdu une partie de lui-même, qu'il a perdu sa moitié. Il contacte psychiquement pour la première fois la réalité de la mort et associe, ainsi, que le fait d'avoir un sexe entraîne le fait d'être mortel[3].

Ce « bébé d'homme » devenu adulte n'aura de cesse que retrouver ce paradis dont il s'est exclu à

[3] Cf. Jean-Jacques Crèvecœur et Ananou Thiran, *Le couple en éveil,* Éditions Jouvence, 2000.

la naissance et cette moitié qu'il a perdue à l'âge de trois ans.

Nous retrouverons ces deux composantes dans la relation amoureuse.

Le couple : « illusion ou réalité » ?

La rencontre amoureuse est un moment magique qui amène les « Moi Enfant » des deux partenaires à penser qu'ils retrouvent cette moitié tant attendue, perdue, comme nous l'avons vu, vers l'âge de trois ans.

Le Moi Enfant, maître de l'illusion et du rêve, raisonne ainsi : « J'ai enfin retrouvé ma moitié, je peux donc avec elle revivre l'état de fusion dans lequel je baignais, in utero, avec ma mère. »

Ici, tout est possible, en dehors de toute « réalité objective ». Ainsi, dans cet univers magique, le « Prince charmant » ou la « Princesse rêvée » est incarné par cet être merveilleux qui vient de faire irruption dans la vie du sujet, sans crier gare, la bouleversant sur son passage.

Cette première étape dans la relation de couple, très fusionnelle, ne permet guère de voir l'autre tel qu'il est et se teinte souvent de jalousie, comme le « petit d'homme » qui ne souhaite guère partager sa maman : elle est à lui, et à lui seul ! Cela amène à vouloir « tout faire avec l'autre », « tout partager avec lui ». Tout l'univers du sujet tourne autour de cette nouvelle relation.

Lorsque la deuxième étape s'amorce, le voile se lève légèrement… L'Amoureux projette sur l'Autre toutes les qualités qu'il souhaiterait qu'il possède afin de pouvoir continuer à incarner sans failles ce rôle de Prince ou de Princesse. Mais, quand le voile se déchire et que l'Amoureux constate que la Princesse est fort différente voire aux antipodes des projections multiples dont il l'avait grimée, la déception, le ressentiment et l'amertume s'installent.

Si le sentiment qui unit ces deux êtres n'est pas fort et profond, l'aventure du couple tourne court dans la douleur et la souffrance. La colère se mêle à l'impression désagréable d'avoir été « trompé(e) », embobiné(e) par « l'Autre ».

Si cette deuxième étape est néanmoins franchie, elle permettra d'atteindre le stade de l'Amour-Tendresse où l'Amoureux peut, dans son Moi Adulte, en dehors des illusions de l'enfant, rencontrer « l'Autre » véritablement et l'accepter tel qu'il est, non tel qu'il l'a rêvé.

Au cours de cette troisième étape, la jalousie, la fusion, l'illusion fondent progressivement, laissant peu à peu la place au respect des besoins de l'Autre, respect de sa différence, de ses qualités et de ses défauts.

Ainsi chacun en « Adulte » peut trouver sa place dans la relation, et laisser à son originalité la possibilité de s'exprimer librement.

Cet amour se transforme pas à pas en Amour inconditionnel... Amour si puissant qu'il rayonne à l'intérieur du couple et très largement autour de lui.

Cette quatrième et dernière étape n'est atteinte que si l'homme et la femme sont conscients de leurs différences, les acceptent au lieu de les combattre. Cela demande de la patience, de la tolérance, une communication profonde et ouverte, un lien solide et sincère accompagnés du désir de regarder ensemble dans la même direction.

Cette acceptation totale de l'Autre et le regard orienté dans la même direction ouvrent une porte sur un espace infini de possibles où, portés par l'Amour, ces deux êtres pourront pleinement se réaliser.

Pour y parvenir une meilleure connaissance de l'Autre, de ses « attentes », de son fonctionnement et une communication fluide d'Adulte à Adulte seront des atouts majeurs.

Devenez un communicateur hors pair

Dans votre couple

L'homme et la femme, nous l'avons vu, sont fort différents. Alors, comment faire pour communiquer sans équivoque ? Quel canal utiliser ?

Pour répondre à cette question délicate, reprenons quelques points essentiels.

Tout être humain s'attend à ce que la personne qu'il aime soit apte à le comprendre. Le sentiment devant « par magie » permettre à l'autre de « deviner les pensées et les désirs de l'être aimé même s'ils ne sont guère explicités », et de réagir par « amour » exactement comme la personne le souhaite, l'espère, l'attend ! Cette position erronée à la base, et appartenant au Moi Enfant, ne peut amener que déceptions et rancunes.

Reprenons cette base dans notre Moi Adulte, en tenant compte du principe de réalité. Que constatons-nous ? Une évidence : Monsieur et Madame ne fonctionnent pas du tout de la même manière ; l'homme mesure sa valeur personnelle et nourrit son estime de soi en fonction de son aptitude à obtenir des résultats. Il se fixe des objectifs et passe à l'action pour les atteindre. Pour être fier de lui, il doit réussir par lui-même. Dans son système, tout conseil extérieur est vécu comme une oppression, la preuve d'un manque de confiance en lui ou pire encore, un doute sur sa capacité à atteindre les buts qu'il s'est fixés.

L'homme préfère garder ses soucis pour lui, se terrer dans son monde intérieur pour y trouver les solutions adaptées. Il demandera conseil ou sollicitera de l'aide s'il juge que cela lui est indispensable, sinon il s'abstiendra.

Ainsi, lorsque Madame fait appel à son Parent Normatif pour résoudre les problématiques de son partenaire, elle le blesse, suscitant deux types de réactions : la colère ou la fuite.

Prenons un exemple.

Anna : Paul, tu te lèves toujours à la dernière minute, c'est pour ça que tu es en retard. Mets le réveil un quart d'heure plus tôt, ça ira mieux, ça t'évitera de stresser.

Dans ce monologue, Anna se positionne dans son Parent Normatif et présente à Paul une solution qui lui conviendrait parfaitement *à elle,* mais que Paul n'a pas sollicitée, car en réalité, s'il se lève tard, c'est parce qu'il adore traîner au lit en profitant des dernières minutes, les « meilleures », même si cela l'oblige à se presser ensuite. Cette situation n'est pas stressante pour lui mais pour Anna, qui inverse les rôles en projetant sur Paul son stress.

Paul répond sur la défensive : J'aime profiter de quelques minutes supplémentaires au lit. Tu n'as qu'à en faire autant… Et puis, je ne stresse pas, qu'est-ce que tu vas inventer ?

Anna, en colère : Comment ça, tu ne stresses pas ! Tu tournes dans la maison à toute vitesse pour trouver tes habits, tes documents de travail… Tu sors tout le monde de la salle de bains.

Paul : Je n'ai pas le choix, vous monopolisez la salle de bains pendant des heures !

Examinons ce dialogue.

Paul répond dans son Adulte (« J'aime […] lit. ») puis passe sur le Parent Normatif accusateur.

Anna, blessée par le Parent Normatif de Paul, répond offusquée, dans son Enfant Rebelle. Paul tente de calmer le jeu en revenant dans la « froideur » de l'Adulte.

Anna et Paul ressortent blessés de cette discussion. Paul s'est senti jugé et humilié car il a reçu un conseil qu'il n'avait pas sollicité.

Anna, n'ayant pas exprimé clairement que ce lever tardif de Paul était stressant pour elle, pense qu'il ne l'écoute pas, la rejette… ne l'aime pas.

La scène aurait pu se dérouler tout autrement si Anna, positionnée dans son Adulte, avait dit : « Le fait que tu te lèves tard est stressant pour moi, pourrais-tu procéder autrement ? »

Cette phrase dépourvue de jugement aurait permis à Paul de comprendre la véritable demande d'Anna, et d'éviter les blessures réciproques que se sont infligées les deux partenaires.

Nous venons de voir comment l'homme mesure sa valeur personnelle, mais qu'en est-il de la femme ? La mesure est-elle identique ? Point s'en faut ; chez elle, elle se mesure à la nature et à la qualité des sentiments et de ses relations avec les autres (entourage familial, amical, professionnel). Ce domaine relationnel est primordial pour la femme. Son équilibre psycho-émotionnel, son sentiment d'utilité et de bien-être, son estime de soi s'appuieront sur la qualité globale de ses relations. Plus ses contacts seront riches, variés et satisfaisants, plus elle se sentira « à sa place », remplissant sa fonction ancestrale de coopération et de soutien.

Mais comment communique la femme ?

En parlant beaucoup, en donnant de multiples détails sur les événements qu'elle décrit, en exprimant ses émotions parallèlement au récit d'une situation, en utilisant de longues phrases, en abordant de multiples sujets au cours d'une même conversation. Lorsque des femmes parlent entre elles, un joyeux brouhaha se dégage de la conversation. Chacune aborde des questions différentes, coupe la parole de l'autre pour reformuler ou surenchérir… Elles semblent parler et écouter en même temps, sur plusieurs thèmes n'ayant souvent aucun lien, aucun rapport entre eux. Cette scène paraît totalement hallucinante aux hommes : quel bruit, quel bla-bla, aucune ne semble écouter… Et pourtant, s'ils interrogeaient les femmes sur ce qu'elles ont retenu de la conversation, ils seraient étonnés de constater que chacune d'entre elles a compris et retenu une foultitude d'informations, mémorisant ce qui a été dit et analysant à travers le langage non verbal les émotions, les sentiments des participantes.

Regardons maintenant un groupe d'hommes en train de converser.

Ils parlent moins et peuvent observer des moments de silence ; ils ne se coupent pas la parole, abordent des sujets généraux (les uns après les autres) et peu de sujets intimes, utilisent des phrases plus courtes et structurées, plaisantent en riant bruyamment.

Comment interpréter ces différences ?

Pour les femmes, toute relation s'élabore via la parole. Reprenons quelques chiffres cités par Allen et Barbara Pease[4], qui vont éclairer notre compréhension : « Une femme peut sans effort prononcer en moyenne de 6 000 à 8 000 mots par jour. Elle utilise quelque 2 000 à 3 000 sons vocaux pour communiquer, ainsi que de 8 000 à 10 000 gestes, expressions du visage, mouvements de la tête et autres signaux du langage corporel. Tout cela donne à la femme une moyenne de plus de 20 000 "mots" de communication pour relayer son message. »

Comparons ces données avec celles d'un homme.

Il prononce 2 000 à 4 000 mots par jour, utilise de 1 000 à 2 000 sons vocaux et 2 000 à 3 000

[4] Cf. Allen & Barbara Pease, *Pourquoi les hommes n'écoutent jamais rien et les femmes ne savent pas lire les cartes routières,* Paris, First Éditions, 2001.

signaux corporels. Sa moyenne quotidienne tourne autour de 7 000 « mots » de communication, soit à peine le tiers de celle d'une femme.

Voici un éclairage nous permettant de comprendre pourquoi les hommes trouvent que les femmes sont bavardes !

Cet écart sera particulièrement frappant le soir, lorsque le couple se retrouve.

Si Monsieur a utilisé ses 7 000 mots, il n'aspirera qu'à un peu de calme et n'éprouvera nullement le besoin de raconter sa journée ou d'échanger sur les informations, les prochaines vacances, les notes des enfants. Si sa compagne n'a pas épuisé ses 20 000 mots, elle n'aura de cesse que parler, expliquant dans le menu détail sa journée, ses émotions, ses interrogations, passant souvent d'un sujet à l'autre. Sans crier gare, un peu comme si elle monologuait... Ce qui agace Monsieur et finira par le saouler. Sa seule défense sera alors de faire la sourde oreille, de répondre par des oui et des hum évasifs destinés à faire croire à sa compagne qu'il l'écoute, est prêt à communiquer avec elle. Tout en regardant la télé, source de relaxation pour lui, avec l'idée que le bruit du téléviseur et le fait ostensible qu'il s'intéresse à un programme la fera enfin taire. Erreur ! Car pour elle, il est tout à fait possible de regarder la télé et d'écouter ce qu'elle dit, ce qui n'est guère possible pour lui. Tout naturellement, elle continue, et lui se sent de plus en plus agacé.

Une autre source fondamentale de malentendus réside dans le fait que la femme aime parler et cherche à se soulager en racontant ses problèmes à un interlocuteur capable de l'écouter et de la comprendre. Au fur et à mesure qu'elle explique, elle prend de la distance par rapport à ses problèmes et fait du tri dans ses émotions. Elle n'attend ni réponses ni solutions, elle souhaite la plupart du temps être simplement écoutée. Elle « utilise » l'Autre comme un miroir lui permettant d'y voir plus clair, ce qui la soulage instantanément. Lorsqu'elle ne va pas bien, son premier réflexe sera d'en discuter ouvertement avec une amie sincère, sa mère, son thérapeute, ou autre.

Dans cette situation, lorsque la femme s'adresse à son compagnon de vie, lui, pensant lui rendre service, l'interrompt fréquemment pour lui proposer de multiples solutions rationnelles, faisant appel à son impression d'être utile, d'avoir parfaitement répondu à l'attente de sa compagne.

Voici un exemple.

Héléna, rentrant du travail, fatiguée et mécontente : Aujourd'hui il y a eu un coup de tonnerre au boulot, on a appris qu'Elsa a donné sa démission depuis plus d'un mois et on n'était même pas au courant… C'est dingue ! Elle fait son pot de départ après-demain, on n'a même pas le temps de s'organiser pour lui acheter un cadeau !

Johan l'interrompt : Ce n'est pas grave, vous pourrez toujours vous retrouver plus tard et lui offrir quelque chose.

Héléna, exaspérée : Mais c'est impossible, nous n'arriverons jamais à réunir tout le monde, chacun a ses impératifs, ses jours de RTT… En plus, elle part en province, alors c'est maintenant ou jamais ! Et puis on ignore qui va la remplacer, de là à ce que tous nos plannings d'horaires et de vacances soient chamboulés…

Johan, conciliant : Mais si on vous change tout, vous pourrez faire appel aux syndicats ou vous mettre en grève, il y a toujours une solution.

Héléna, furieuse, passant outre la remarque de Johan : En plus, je devais partir en séminaire dans quinze jours, j'ai attendu deux ans pour obtenir ce stage, et puis on a reçu le colis de La Redoute, il était tout abîmé, il faut que je rappelle pour qu'ils me le réexpédient, comme si je n'avais que ça à faire…

Johan : Tu as quinze jours pour le retourner, d'ici là tu trouveras bien le temps de le faire.

Examinons en détail cette séquence.

Héléna, sous le coup d'une émotion forte due à une nouvelle inattendue, cherche un « miroir » pour évoquer ce qu'elle ressent et pouvoir ainsi prendre du recul par rapport à l'événement.

Johan, supportant mal de voir Héléna souffrir, tente avec son cerveau analytique de lui apporter des solutions qui pourront la soulager, et le faire se sentir utile dans la relation.

Héléna est dans l'Adulte puis passe dans l'Enfant Rebelle et l'Enfant Adapté ; le Moi Enfant étant le Moi émotionnel, il lui permet d'exprimer sa déception et sa colère. Elle n'attend aucune solution et demande juste à Johan de l'écouter. Elle cherche à atteindre son Parent Bienveillant mais rencontre son Adulte rationnel, et c'est ce qui l'agace au lieu de la soulager. Cet agacement l'entraîne dans l'Enfant Adapté.

Johan, qui se sent toujours incompétent dans cet échange car aucune de ses solutions n'est adoptée par Héléna, revient dans le Parent Normatif.

Existe-t-il une solution à ce chassé-croisé ?

Si Héléna et Johan connaissaient les différences qui les caractérisent, ils pourraient alors réagir différemment. En effet, quels sont leurs attentes et leurs besoins de confiance, d'acceptation, d'appréciation, d'admiration, d'encouragements, de se sentir désiré ?

Pour donner à l'homme de la force, de l'élan, de la puissance, il ne faut jamais essayer de le faire changer ou s'améliorer en lui imposant un point de vue extérieur ! Il réagira en se cabrant, se fermant et s'isolant dans sa tour d'ivoire. Ce qui n'implique aucunement qu'il ne soit pas capable de changer. C'est une question de forme : si Madame campée dans son Parent Normatif critique tente de lui imposer sa solution, elle n'a que 2 % de chances de parvenir à ses fins. Si, par contre, elle dialogue positionnée dans son Parent Bienveillant ou son Adulte, sans pression, en laissant son partenaire choisir la solution qui lui semble la plus adaptée, sans le brusquer, alors il ressortira de son mutisme après avoir analysé tranquillement la situation et trouvé sa solution. Pourquoi réagit-il ainsi ? Car il a besoin face à un problème de se retirer, de l'intérioriser en silence, sans exprimer quoi que ce soit verbalement ou émotionnellement… Madame, si elle n'imagine pas le pire lorsqu'il demeure silencieux, sera fort surprise de le voir redescendre de sa tour d'ivoire, tout sourires, prêt à exprimer dans son Adulte ou dans son Enfant Libre sa solution. Si alors Madame dans son Parent Bienveillant l'encourage, il passera très rapidement à l'action pour faire aboutir sa décision.

Dans ce nouveau « déroulé », la femme et l'homme trouvent l'occasion de transmuter des peurs fondamentales et archaïques qui les animent :

- La femme a peur de recevoir.
- Les hommes ont peur de donner.
- La femme a besoin de se sentir aimée.
- L'homme doit se sentir utile, percevoir que l'on a besoin de lui.
- La femme a besoin d'exprimer ses sentiments avec force – emploi de superlatifs, larmes... –, n'hésitant pas à se positionner en victime pour solliciter un sauveur et sa pitié.
- La femme souhaite être écoutée, sans être interrompue, avec bienveillance, et ne cherche pas de solution. Lorsque l'homme ne l'écoute pas, ou l'abreuve de solutions, elle a l'impression qu'il ne la comprend pas.
- L'homme parle pour donner des informations précises et ne sollicitera l'avis d'une tierce personne que s'il juge dans son Moi Adulte que cela est indispensable.

La femme fonctionne de manière cyclique : ses émotions montent et descendent comme une vague. Le point culminant de la vague permet de vivre des moments de joie intense, de bonheur, de partage...

Lorsqu'elle est au creux de la vague, son humeur est morose, voire triste. C'est alors qu'elle fera le ménage dans ses émotions, éliminant les plus parasitantes, ce qui permettra d'attaquer la vague suivante. Ce phénomène cyclique inquiète l'homme, qui ne comprend pas pourquoi Madame était charmante, gaie, sensuelle il y a deux jours, puis devient triste, agressive, et le repousse quarante-huit heures plus tard. Qu'a-t-il donc fait pour mériter un tel revirement de situation ? Telle sera la question-clef qu'il se posera. En général, la réponse sera : rien de particulier, ou peu de choses, mais dans cette période d'exacerbation émotionnelle, un petit rien pourra devenir source d'anxiété, de doute, de mal-être.

De son côté l'homme oscille perpétuellement entre son désir d'intimité et son besoin d'autonomie, d'où la nécessité de s'isoler, voire de s'éloigner pour mieux revenir.

L'équilibre entre ces besoins différents peut se faire si l'homme reconnaît le besoin de sa femme d'être entendue ; elle admettra en retour son besoin d'être libre.

L'acceptation de ces différences, la limitation de l'utilisation du Parent Normatif rendront automatiquement la communication dans le couple plus fluide et harmonieuse.

Avec vos enfants

Le rôle de parent est extrêmement difficile car il place l'adulte dans une situation souvent délicate et ambiguë.

En effet, l'enfant (surtout lorsqu'il est enfant unique) est porteur de toutes les projections et des désirs inconscients de ses deux parents. Or, cet homme et cette femme sont le fruit de cultures différentes, de desiderata différents, de familles aux attentes souvent divergentes. Au confluent de tous ces courants mixtes – culturels, religieux, politiques, émotionnels et éducatifs – se situe l'enfant. Il devra trouver sa place, décidant à l'âge adulte, consciemment ou inconsciemment, de suivre les modèles qui lui ont été inculqués ou de les rejeter.

Alors, comment se positionner dans cette relation ? Quels sont les besoins spécifiques de l'enfant ? Comment communiquer avec lui afin de l'accompagner dans son devenir, sans l'écraser, sans le modeler ?

Le bébé a essentiellement besoin d'écoute, de soutien, de compréhension, d'échanges, de jeux ; il appelle donc le Parent Bienveillant et l'Enfant Libre de ses parents. Mais, rapidement, il aura besoin d'un cadre rassurant, de limites clairement définies lui permettant d'évoluer en toute sécurité physique et psychologique. Il doit alors rencontrer le Parent Normatif de ses parents qui pose le cadre, et le Parent Bienveillant lorsqu'il se fait mal ou traverse des périodes d'anxiété et/ou de peur.

Vers deux ans et demi, dans cette période du « non catégorique » et des colères, le cadre permettra à l'enfant de se sécuriser. Mais si ce cadre est flou, il deviendra capricieux, voire tyrannique. Entendons-nous bien, il ne s'agit pas à cette période d'être Parent Normatif dans son aspect le plus négatif et le plus « cassant », grondant l'enfant en permanence et ne lui laissant aucune marge de manœuvre ni d'expression, mais plutôt de rester ferme et présent lorsqu'il déborde dans la colère, les pleurs, en lui rappelant le cadre.

Par exemple, expliquer à l'enfant dans l'Adulte (ton neutre) qu'il est l'heure d'aller se coucher, le laisser exprimer sa colère liée le plus souvent à sa peur d'être séparé du reste de sa famille pour aller dormir. Puis, le rassurer en mettant en place un petit rituel, comme lire une histoire, chanter une chanson, le coucher avec une veilleuse allumée s'il appréhende le noir.

L'enfant de deux ans et demi ou trois ans est tout à fait capable de comprendre, si on lui parle avec bienveillance, en utilisant un niveau de langage adapté à son âge et en se plaçant corporellement à sa hauteur, ce qui lui permet de vous regarder dans les yeux, de ne pas se sentir en infériorité.

Observez votre communication non verbale : l'enfant sera toujours très sensible à vos gestes, mimiques et regards… Si tout petit il ne « comprend pas les mots » du point de vue sémantique et lexical, il décode néanmoins parfaitement dans l'expression de votre visage l'état émotionnel qui vous anime : la colère, l'anxiété, la détente, la joie… Tout au long de l'enfance, le petit d'homme capte les émotions des adultes et les ressent profondément.

Une première règle d'or dans la communication avec les enfants consiste à éviter de leur « parler bébé », arrêter de les prendre pour des « demi-portions », trop petits pour comprendre quoi que ce soit, avec des phrases normatives du type : « on t'expliquera plus tard, tu comprendras lorsque tu seras plus grand ».

Des expériences fort intéressantes ont été menées à ce sujet ; des chercheurs ont filmé les interactions entre des mères et leurs bébés âgés de quatre mois :

- Si la maman sourit, le bébé agite bras et jambes, sourit, gazouille, a un regard brillant, vif.

- Si la maman est ailleurs, soucieuse, et s'occupe de lui de façon « mécanique », il a un regard inquiet, sursaute et pleure facilement.
- Si la maman est triste, le bébé va invariablement tenter de la faire sourire en attirant son attention ; il opère un véritable numéro de charme pour essayer de tirer sa maman de sa tristesse. S'il n'y parvient pas, il va peu à peu diminuer sa gestuelle, ses vocalises, puis se mettre à pleurer sans « raison apparente », comme s'il avait absorbé la tristesse de sa maman et s'autorisait à l'exprimer.

Deuxième règle d'or : écoutez vos enfants… La plupart d'entre eux se plaignent d'avoir des parents qui ne les écoutent que d'une oreille distraite, voire pas du tout ! S'ils ont envie de partager avec vous une joie, un souci ou un doute, même si l'événement vous paraît en tant qu'adulte infime, stupide, peut-être dérisoire, essayez d'interrompre le flot de vos pensées et de vos préoccupations pour les écouter attentivement. Cela est particulièrement important à l'adolescence. Si votre enfant depuis tout petit a l'habitude de vous parler, il continuera à le faire et vous permettra ainsi de ne pas couper le lien au cours de cette période difficile et trouble.

Pour écouter vos enfants, il faut donc que vous vous rendiez disponibles, et que vous les laissiez parler sans les interrompre, qu'ils soient filles ou garçons. Ne leur apportez des solutions que s'ils vous en demandent (ce qui est peu fréquent).

Troisième règle d'or : au fur et à mesure que vos enfants grandissent, permettez-leur d'exprimer leur point de vue ; vous serez souvent surpris de leur maturité et de la pertinence de leurs propos au regard de leur jeune âge. Attention, il ne s'agit pas de leur donner la parole « non-stop » et d'éviter ainsi de prendre des décisions les concernant ! Il s'agit de trouver un juste milieu et d'essayer de les comprendre en vous mettant à leur place, en tentant d'aborder la situation de leur point de vue d'enfant et non du vôtre.

Prenons un exemple illustrant cette règle :

Sarah, dix ans, essaye de convaincre ses parents de la laisser aller dormir chez une copine.

Sarah, joyeuse dans son état d'Enfant Libre : Papa, Maman, est-ce que je peux rester dormir chez Jessica samedi soir, après sa fête d'anniversaire ?

Sarah impatiente déboule dans le salon : Dis Papa, est-ce que je peux y aller ? Il faut que j'appelle Jess pour lui donner ma réponse !

Alexandre, son père : Tu vas déjà y passer tout l'après-midi, c'est bien suffisant ! *(Parent Normatif)*

Sarah, déçue : Mais Papa, ce n'est pas pareil ; là, je resterai toute seule avec Jessica. Dans l'après-midi on sera vingt. *(Adulte)*

Alexandre : Tu as tes devoirs à faire et dimanche midi, on déjeune chez Mamie. *(Parent Normatif)*

Léa, sa mère : Si elle fait ses devoirs en rentrant de l'école à 11 h 30, on peut ensuite passer la prendre chez Jessica avant d'aller manger chez ta mère. *(Parent Bienveillant)*

Alexandre : Tu sais bien qu'elle est lente et ne finira pas ses devoirs pour 14 heures. *(Parent Normatif)* Et puis, elles vont se coucher tard et papoter…

Sarah en colère : Bien sûr que je finirai… J'ai toujours très peu de devoirs pour le lundi. Tu ne me fais jamais confiance ! *(Enfant Rebelle)*

Léa : Je préparerai le repas pour midi moins le quart, et elle s'y mettra tout de suite après. *(Parent Bienveillant)*

Alexandre : J'ai dit non, c'est non ! *(Parent Normatif)*

La position très normative d'Alexandre ne laisse aucune chance à Sarah qui se sent incomprise, traitée injustement, et pense que son père n'a pas confiance en elle – ce qui est toujours très blessant pour un enfant. Il ne peut en effet grandir, s'épanouir et aller vers l'autonomie que s'il sent que ses parents et enseignants ont confiance en lui.

Par ailleurs, nous voyons que les personnages en présence ont glissé inconsciemment dans le triangle :

- Persécuteur : Alexandre,
- Sauveteur : Léa,
- Victime : Sarah.

Or, les Jeux Psychologiques permettent de passer le temps sur un mode relationnel connu de toutes les parties, mais ils rendent impossible toute évolution des personnages. Chacun se retrouve piégé dans son rôle. Au mieux, les interlocuteurs pourront passer d'un rôle à l'autre si le triangle n'est pas trop fermé, mais en restant dans le « piège » du triangle.

Nous arrivons ainsi à la quatrième règle d'or : évitez de rentrer dans les Jeux Psychologiques qui bloquent toute possibilité de communication, sachez dire oui ou non en jugeant la situation dans votre Adulte, de façon logique, cartésienne et non en tenant compte des résonances émotionnelles de votre enfance.

Revenons à Alexandre : sur quels critères se fonde-t-il pour rester ainsi campé sur sa position ?

Le premier est qu'il n'est pas disponible au moment où Sarah l'interpelle, ce qui l'agace et le met dans de mauvaises dispositions.

Le deuxième, c'est qu'il pense que pour réussir l'éducation de sa fille, il faut être ferme et directif (soit Parent Normatif) comme l'était son propre père.

Le troisième, plus inconscient, est qu'il a souffert des multiples refus de son père qui ne l'a autorisé à sortir et à se rendre à des fêtes qu'à partir de dix-huit ans. Il ne voit donc pas pourquoi il devrait être plus souple avec sa fille que son père ne l'a été avec lui.

Le quatrième est que s'il cède, il lui semble inconsciemment qu'il perd la face, son autorité de père, et que cela ouvre la porte à toutes les demandes et aux caprices de sa fille. Ce qu'il doit éviter à tout prix s'il veut réussir son éducation !

Le cinquième, c'est qu'il estime ne pas devoir montrer à sa fille qu'il lui fait confiance, sinon elle risque d'en profiter. (Ce dernier point est une phrase récurrente qu'employait très fréquemment son père à son égard.)

Nous voyons ici qu'Alexandre reproduit fidèlement les attitudes de son propre père dans une sorte de fidélité inconsciente qui lui semble totalement normale, et qu'il n'est donc pas prêt à remettre en cause. Cela est vrai pour tout parent ; nous fonctionnons dans ce rôle avec nos filtres, nos croyances, nos certitudes qui ont été transmis par nos figures parentales.

La cinquième règle d'or établit qu'il existe des attitudes et des mots-clefs que des parents refusent la plupart du temps d'utiliser avec leurs enfants par peur de voir leur autorité remise en cause ou leur emprise sur eux diminuer ; savoir dire merci, pardon, je ne sais pas, je me suis trompé(e).

Il ne s'agit pas de perdre la face, mais d'être vrai avec vos enfants. Cette attitude authentique et clairement positionnée dans l'Adulte leur évitera en grande partie de louvoyer et/ou de mentir, d'utiliser les Transactions à double fond et de vous entraîner dans des Jeux Psychologiques.

La sixième règle nous montre que si vous utilisez majoritairement votre Parent Normatif sous prétexte de bien élever votre enfant et de lui inculquer une bonne morale, son Enfant Libre, qui est l'état naturel dans lequel il se trouve à la naissance, va disparaître, emportant avec lui sa joie de vivre, sa spontanéité, sa capacité à aller vers l'autre et sa créativité. Il laissera alors la place à l'Enfant Adapté soumis qui ne sait que dire oui pour faire plaisir. Positionnement idéal pour les parents car ils ont l'impression d'avoir un « enfant modèle » extrêmement sage et poli, qui force l'admiration de son entourage et rend ses parents extrêmement fiers de lui.

Mais – eh oui ! – il existe un mais. Cet enfant intériorise toutes ses émotions, les somatise souvent en tombant malade et malgré les apparences vit dans la peur de mal faire, d'être rejeté, jugé, de décevoir les autres. Il n'est jamais réellement lui-même, et s'il reste très ancré dans cet état du Moi, il a de fortes chances de devenir un adulte sans joie, sans imaginaire, fortement manipulable, victime insatisfaite, incapable de prendre sa place dans la société, vivant dans la peur omniprésente de déplaire.

Si la place n'est pas prise par l'Enfant Adapté, l'Enfant Rebelle l'occupe. Ce positionnement est cauchemardesque pour les parents, car ils ont l'impression d'avoir raté l'éducation de leur enfant ! En effet, celui-ci se révèle très souvent en colère, agressif, opposant, têtu, ce qui le rend très difficile à canaliser, et son maître mot est non.

Voici quelques témoignages de sujets qui traduisent leurs difficultés en tant qu'Adulte à gérer leur Enfant Adapté et leur Enfant Rebelle.

Madame A., 32 ans : « Je ne sais pas dire non, alors tout le monde profite de moi ; je fais des heures supplémentaires, j'arrange tout le monde pour les vacances. Quand il y a un problème dans le service, mon chef dit toujours : "Allez voir Madame A., elle va vous arranger tout ça !" Résultat : je n'en peux plus, je pleure tous les soirs en rentrant chez moi, je suis épuisée, d'autant plus que ma famille et mes amis font la même chose. Depuis un mois, je suis sous anxiolytiques et antidépresseurs, et j'ai été obligée de m'arrêter quinze jours. »

Vous avez bien sûr reconnu un Adulte qui utilise essentiellement son Enfant Adapté dans sa relation à l'autre.

Monsieur B. : « Je me suis encore fait licencier de ma boîte parce que mon boss dit que je suis ingérable, que je dis non à tout. C'est son point de vue, moi je fais c'qui me plaît et puis c'est tout. J'ai pas à lui obéir au doigt et à l'œil. J'fais mon boulot. Point barre ! »

Vous avez là aussi reconnu un Adulte utilisant essentiellement son Enfant Rebelle, source de nombreux déboires sur le plan professionnel et personnel.

Nous abordons maintenant quelques points sur lesquels reviennent régulièrement les enfants :

- Mes parents ne jouent jamais avec moi.
- Mes parents me culpabilisent en me disant que s'ils n'avaient pas eu d'enfant, ils auraient plus d'argent ou auraient pu voyager, avoir un meilleur métier…
- Mes parents me traitent comme un bébé, ils ne me font pas confiance.
- Mes parents veulent que je prenne des cours de piano alors que j'ai horreur de ça ; moi, j'aimerais apprendre la guitare.
- Quand je rentre de l'école, ils me demandent toujours : « Comment s'est passé ton contrôle ? Tu as eu des notes aujourd'hui ? » J'ai l'impression qu'ils ne s'intéressent pas vraiment à moi, mais juste à mes résultats !
- Ils prennent toujours des décisions entre eux sans nous consulter, nous les enfants.

Si nous examinons de plus près ces remarques, nous constatons que les enfants souhaitent avant tout être acceptés tels qu'ils sont, être écoutés, que leurs parents s'intéressent à ce qu'ils vivent, ce qu'ils ressentent. En d'autres termes, ils rêvent d'une communication ouverte, d'un véritable échange.

Or, nous l'avons exprimé au début de ce chapitre, être parent est l'un des rôles les plus difficiles qui soit ; peur de mal faire, peur de se tromper, désir de voir les enfants reprendre les rêves des parents, reproduction ou rejet des modèles parentaux, besoin de contrôler voire mouler l'enfant, désir d'être le « parent préféré » de l'enfant, croyances personnelles, culturelles et religieuses liées à ce rôle, éducation reçue, facteurs héréditaires et personnels, mettent tout parent en interrogation face à cette lourde tâche : élever ses enfants.

Les conseils, les règles, les exemples qui ont été cités ne sont pas des modèles absolus, ils sont destinés à vous mettre en interrogation par rapport à votre position parentale et vous offrent des pistes de réflexion, des propositions différentes pour vous aider à trouver votre place, tout en respectant la personnalité et les choix de vos enfants.

Conclusion

Nous voici arrivés au terme de notre voyage. Nous souhaitons que les différents éclairages évoqués dans cet ouvrage vous aient aidés à mieux comprendre votre entourage. Et que la pratique quotidienne de l'Analyse Transactionnelle vous amène à devenir un communicateur hors pair en toutes circonstances ! Un peu de persévérance et de patience vous sera nécessaire au début pour intégrer ces outils, mais cela permettra que vos échanges sur la planète communication deviennent source de plaisir partagé et non de discordes ou de chassés-croisés blessants. Alors, n'hésitez pas à pratiquer, pratiquer, pratiquer…

Bibliographie

BERNE Éric, *Que dites-vous après avoir dit bonjour ?,* Paris, Sand & Tchou, 1999. *Des jeux et des hommes,* Paris, Stock, 1984.

CRÈVECŒUR Jean-Jacques et THIRAN Ananou, *Le couple en éveil,* Genève, Éditions Jouvence, 2000.

GRAY John, *Les hommes viennent de Mars, les femmes viennent de Vénus,* Paris, J'ai lu, 1998.

KIMURA Doreen, *Cerveau d'homme, cerveau de femme,* Paris, Odile Jacob, 2000.

PEASE Allan et Barbara, *Pourquoi les hommes n'écoutent jamais rien et les femmes ne savent pas lire les cartes routières,* Paris, First Éditions, 2001.

STEINER Claude et DUSAY John, *L'Analyse Transactionnelle en thérapie de groupe,* Paris, Éditions universitaires, 1976.

Achevé d'imprimer sur rotative par l'imprimerie Darantiere
à Dijon-Quetigny en novembre 2005
Dépôt légal : novembre 2005 - N° d'impression : 25-1500

Imprimé en France